「書ける」大学生に育てる

AO入試現場からの提言

島田康行［著］

大修館書店

はじめに

大学進学を目指す高校生は、文章を「書くこと」をどのように学ぶのだろうか。一方、大学に入学する学生には、どのような「書くこと」の力が求められているのだろうか。「高大接続」のプロセスは、その両者の間でどのように働いているのだろうか。

そしてもし、大学入学後の学生が文章を「書くこと」に問題を抱えているとしたら、その原因はどこにあるのだろうか。彼らが抱える問題を解決し、「書ける」大学生に育てることは、高校・大学の双方で取り組むべき課題なのだと思う。そこでは「高大接続」の在り方が問われることにもなるだろう。

もちろん、高校における文章表現の指導が目指すのは、書ける「大学生」ではなく、書ける「社会の人」ではあるけれど、両者はともに「書くこと」を主体的に学ぼうとする者である。「書くこと」を主体的に学ぼうとする者を、高校と大学の双方で育てる手立てを考えたい、というのが本書における筆者の問題意識である。本書はこの問題意識を共有してほしいすべての方——たとえば、高校の「国語」教員、進路指導教員、大学の初年次教育担当者、「高大接続」担当者など——を読者として想定している。

そもそも「高大接続」とは、多様化する高校と大学との円滑な接続を目指した中央教育審議会の答申「初等中等教育と高等教育との接続の改善について」（一九九九）などをきっかけによく知られるようになったことばである。大学進学率の上昇を背景に、大学による一方的な「選抜」から、大学と学生とのよりよい「相互選択」への転換を図ろうというのがこの答申の趣旨であり、「高大接続」はそのキーワードとなった。「高大接続」のもっとも典型的な場面は大学入試であるが、出願までの過程や、合格後入学までの期間に行われる大学からの働きかけなども含めて言うことが多い。

筆者は、日本語学に軸足を置いて国語教育の仕事に携わってきたが、勤務先の大学ではアドミッションセンターという「高大接続」に深く関わる部署にある。そこではＡＯ入試の企画・実施のほか、大学とはどのようなところかを高校生に伝えることも主要な職務の一つとなっている。そうした仕事の中で、高校生がどのように大学を目指し、どのように文章を学ぶのかを、一〇年以上にわたって目の当たりにしてきた。

高校と大学と、さらにはその両者をつなぐ場所を、国語教育の立場から見渡す日々が前述の問題意識を育てている。同様の背景で仕事をする方を筆者はまだ知らない。その点ではわずかながらの独自性が保たれているのではないかと思っている。

本書は四章からなる。

第一章では、大学初年次生に対する文章表現の指導の出発点を見定めるために、小さな調査の結果からその論述力や語彙力の一端について述べた。効果的な初年次教育のためには、そのような実態の把握がまず試みられなければならないと考えている。

第二章では、高校生の文章表現の学習が大学入試とどのように関連しているのかを論じた。特に、大学入試「小論文」について、それが高校生の学習の契機としてどのように機能しているのか、入学者選抜ツールとしてどのように働いているのかに焦点を当てた。

そして、現在、多くの高校が採用する「小論文模試」がどのように生まれ、どのように育ってきたのか、開発者であり制作者である出版社へのインタビューを試みて、結果を一節にまとめた。筆者は、彼らにも「書くこと」を主体的に学ぼうとする者を育てる取り組みに加わってほしいと思っている。その彼らの話をぜひ聞いてみたいと思ったのだ。

第三章では、「高大接続」の場面で書かれる文章の一つとして、AO入試の「志望理由書」を取り上げ、その役割や限界、また新たな可能性について述べてみた。

第四章は、新しい高校教育課程の目指すところを確認し、大学が入試を含めた様々な取り組みを通して育もうとする「書くこと」の力との関係について述べている。

このように、本書は、「高大接続」のさまざまな場面における「書くこと」の問題についてやや幅広く取り上げている。各章は緩やかに関連しつつ、高校と大学の双方による取り組みが、主体的に「書くこと」を学ぼうとする者を育てるために欠かせないことを述べようとする。さまざまな方にお読みいただきたいという欲張りな考えが、かえってどなたにも読み通しがたいという結果を招いたかもしれない。ご関心に応じてどこからどのようにお読みいただいてもけっこうである。そのうえで、この小さな提言に少しでも共感していただけるところがあれば、幸いこれにまさるものはない。

#「書ける」大学生に育てる――ＡＯ入試現場からの提言　目次

第四章　これからの「書くこと」の指導と大学入試　137

第一章

「書くこと」に苦慮する大学生

第一節　大学初年次生に求められる「書く力」とは

1　書かない「国語」の授業

数年前、関東地方のある国立大学の初年次生を対象に簡単な調査を試みた。この大学は今のところ受験学力の比較的高い学生を集められる総合大学である。調査は初年次生を対象とした「言語表現」関係の科目を受講する二つのクラスで行われ、計六五名が回答した。

対象とした二つのクラスはそれぞれ理系型入試科目の教育組織Ｊ・Ｋの学生を中心に構成されている。組織Ｊ・Ｋともに個別学力試験では大学入試センター試験に「国語」を課しており、例年、合格者の平均点は全国平均点を一〇ポイントほど上回る。そして、その学生の大部分は、高校二年次から「理系クラス」に所属している。

はじめに、高校在学中における「文章表現」の経験等について尋ねてみた。

まず、「国語総合」や「現代文」など高校の「国語」の授業において、四〇〇字程度以上のまとまった長さの文章を書く機会がどれくらいあったかを尋ねた。その機会は決して多くはないと予想したが、実際には、三年間を通して平均で三回に満たないという結果であった（図1）。

つぶさに見ると、三年間を通して「〇回」と答えた者が最も多く、六五名中三〇名に上る。そして、三年間を通して三回以下と答えた者で全体の七〇％以上を占める。

理系の学生であることを差し引いても――差し引くのが適切かどうかはまた別の話であるが――予想以上に少ないという印象であった（そこで、もう少し範囲を広げた調査をしてみた。その調査の結果は第二章に詳述する）。

図1　高校「国語」における文章表現の経験

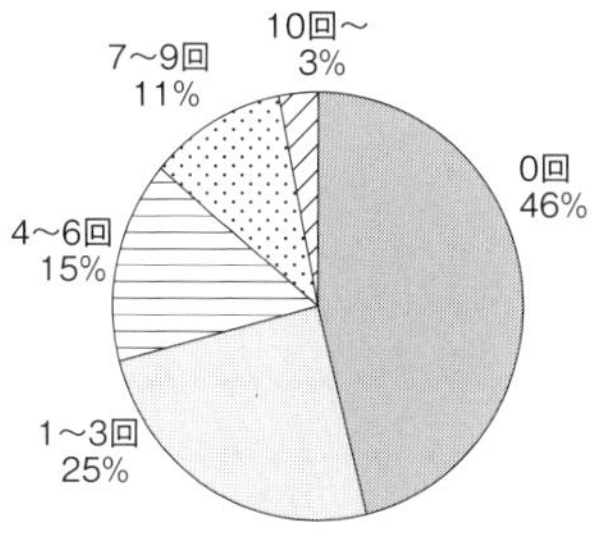

四〇〇字という字数の設定が長すぎたのかもしれない。実際の授業の中では、より短い文章表現の指導が繰り返し行われているのかもしれない。理系クラスの二、三学年では「現代文」の授業も週二時間ほどであろう。そうした中ではこの数字も驚くに値しないのかもしれない。

しかし、たとえば、当時の高等学校学習指導要領「国語総合」の「内容の取扱い」が、「書くことを主とする指導には三〇単位時間程度を配当する」としていたことも一応は指摘しておきたい。同じ箇所が平成二一（二〇〇九）年告示の学習指導要領では「三〇〜四〇単位時間程度を配当するものとし、計画的に指導すること」と改められている。平成二五（二〇一三）年度以降、この文言は教室でどこまで具体化されるだろうか。

どうやら「国語」の授業内での文章表現の経験はきわめて乏しいようである。では、それ以外の機会も含めてまったく書いてこなかったのかというと、そうでもない。

自由記述による回答の中には、「総合的な学習の時間」やLHR（ロングホームルーム）で書いたと答えるものが散見される。またそれ以外では「大学入試対策として小論文を何回か書いた」、「小論文模試で年に二、三回書いた」という答えが目立つ。理系の彼らにとって、まとまった分量の文章を書いた経験の多寡あるいは有無には大学入試の受験科目（具体的には「小論文」の有無）が大きく影響していると考えられ、受験対策を契機として文章を書いたり、そこで小論文の個別指導がなされたりすることが、広く行われているようである。

ただ、その指導が具体的にどのようになされているのかは十分に明らかではない。同じ調査では、高校三年次にまとまった分量の文章を添削してもらった経験が一回以下という者が全体の半数以上を占めている。

高校時代に文章表現を学んだ経験の乏しい理系の大学初年次生も、大学に入学するや日常的に論理的な文章を書くことを要求され、苦慮することになる。文章を書くことが本人にとって切実な問題となるのは大学に入学してからなのである。

2 大学教員の認識と対応

一九九〇年代以降、全国の大学・短大で、日本語を母語とする学生に対する日本語の読み書きの指導が積極的になされるようになった。

その背景には、大学教養部の解体にともなうカリキュラム改革や、少子化にともなう大学進学率の上昇などもあったのだが、より根本的には、いくつかの調査が大学生の読み書きの力に対する不安を明らかにしたことや、コミュニケーション能力を重視する社会の要請が高まったことが大きく影響していた。

大学入試センターは、平成一五（二〇〇三）年度、全国約二万人の大学教員を対象に、学生の学力低下に関する意識調査を実施した。調査の結果は大学生の読み書きの力に困惑する大学教員の声をよく伝えるものであった(1)。

この調査では、大学生に低下の目立つ学力として「自主的、主体的に課題に取り組む意欲が低い」という項目が最も上位にランクされ、次いで「論理的に思考し、それを表現する力が弱い」、「日本語の基礎学力が低い」がこれに続いた。理科や数学などの基礎科目の理解度や外国語力の低下よりも、日本語の運用能力の低下を危惧する声が大きかったことは注目に値する。『分数ができない大学生』（岡部恒治他編、一九九九年）の刊行以来、大学生の学力低下が取り沙汰される中で、大学教員がこのように答えていたことは見過ごされるべきではない。また、この調査以前にも、大学生の語彙力が危機的状況にあるとする調査結果を公表した専門家はあった[2]。

しかし、大学生の日本語運用能力が不安視されるようになり、その育成が急務となるに至っても、それを高校までの「国語」教育と結びつけて捉えようとする発言はほとんど見られなかった。情報を収集、整理、選択し、読み、議論し、報告書を書き、発表するなど、大学の学びの中で求められるような日本語運用能力の育成は、いずれも「国語」の教育課程に明確に位置づけられてきたはずである。先人たちによる優れた実践の蓄積もある。多くの者がそれを学んできたはずなのだ。にもかかわらず、大学生の日本語運用能力の実態が高校までの「国語」の教育の在り方の問題と結びつけて論じられることはきわめてまれであった。

現在、大学生に対する母語としての日本語の教育は、もっぱら「国語」教育以外の、多様な分野の専門家の手によって推し進められており、それにつれて授業の内容も多様化している。その事情について、早くから大学における「日本語表現法」を提案、推進してきた筒井洋一氏は、次のように述べる[3]。

学問にとって最低限必要なコミュニケーション技法は、「ことば」の専門家だけではなく、どの専門分野の研究者であっても、読む、書く、話す、調べる、の最低限の内容を教えることが可能である。教養教育レベルにおいては、専門家でしか教えられない内容はあまりないのではないかと思う。

この指摘は、各大学でさまざまな分野の教員が担当する「日本語表現法」等の科目で、実際に扱われ得る内容の範囲を端的に示すことにもなっている。このような状況について大学教員の中から、「こうした教育や科目で扱う内容が拡散し、大学で目指すべきことばの力とはいったい何なのか、曖昧になっている例もあるように思われる(4)」といった声が上がるのはもっともなことである。

3 大学の取り組み

文部科学省は「平成一七年度大学入学者選抜実施要項」において、大学はAO入試の合格者に対して「入学後の学習のための準備をあらかじめ用意しておくことが望ましい」と述べて、いわゆる「入学前教育」を奨励する立場を初めて明らかにした。以来、この記述は毎年の実施要項に継続して掲載されている。大学が入学予定者に対して課題を出すなどの働きかけを行う「入学前教育」は、AO入試の登場と相前後して盛んになった側面がある。この通知はその実態を追認する形ではあったが、その後、「入学前教育」は全国の大学に一気に広まった。

「入学前教育」の内容は多様であるが、日本語の運用能力に関連した内容としては、漢字、語句や慣用句、ことわざなどの基礎知識の整理に加えて、課題図書を読む、文章を読んで要旨をまとめたり、内容を要約したり、意見文を書いたりする、といった内容が早い時期から行われていた。

このような小・中・高を通して繰り返しなされるはずの指導が、高校在学中の生徒に対して、大学によってなされることについてはさまざまな意見があってよさそうであるが、その是非についての議論はほとんどなされなかったように思う。また、高校における「国語」教育との在り方と関連づけて論じた例も筆者の記憶にはない。

しかし、どのような日本語の運用能力をもった者を大学に迎え、それを大学でどのように育成するのかという問題は、「国語」教育の立場からももっと検討されてしかるべきである。本書で取り上げる内容はそのような問題意識に端を発している。

近年、ますます多くの大学で初年次教育の充実が図られているが、その中でも言語表現に関する指導は中心的な内容の一つとなっている。表1に示すように、文部科学省高等教育局「大学における教育内容等の改革状況について」(二〇一一年)によれば、平成二一(二〇〇九)年度にはレポート・論文の書き方などに関する科目を開設する大学が五三三校、プレゼンテーションやディスカッションなどに関する科目を開設する大学は四八八校に上っている。

表1　学部段階における初年次教育の具体的内容

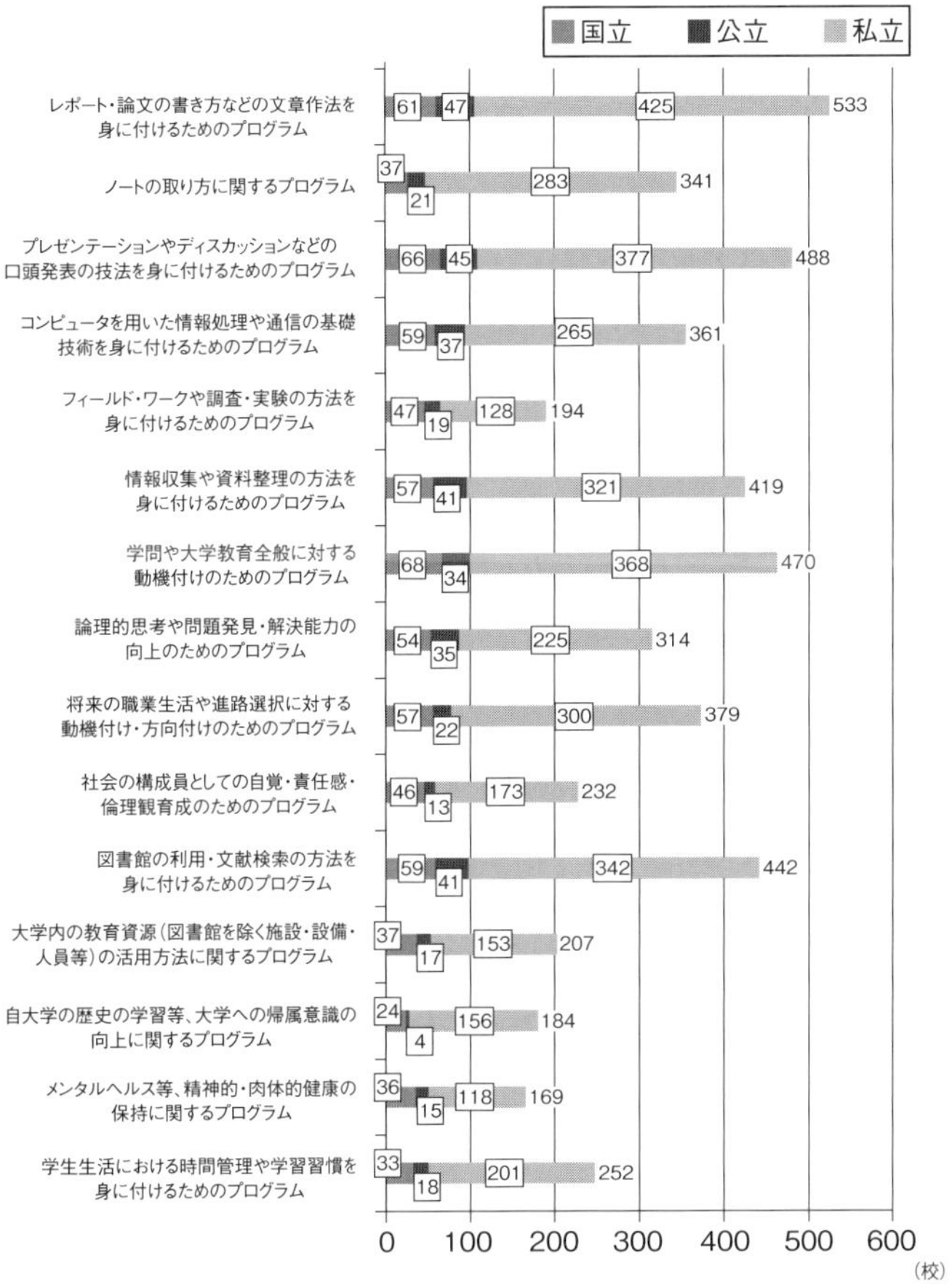
国立
公立
私立
レポート・論文の書き方などの文章作法を身に付けるためのプログラム
61 47 425 533
ノートの取り方に関するプログラム
37 21 283 341
プレゼンテーションやディスカッションなどの口頭発表の技法を身に付けるためのプログラム
66 45 377 488
コンピュータを用いた情報処理や通信の基礎技術を身に付けるためのプログラム
59 37 265 361
フィールド・ワークや調査・実験の方法を身に付けるためのプログラム
47 19 128 194
情報収集や資料整理の方法を身に付けるためのプログラム
57 41 321 419
学問や大学教育全般に対する動機付けのためのプログラム
68 34 368 470
論理的思考や問題発見・解決能力の向上のためのプログラム
54 35 225 314
将来の職業生活や進路選択に対する動機付け・方向付けのためのプログラム
57 22 300 379
社会の構成員としての自覚・責任感・倫理観育成のためのプログラム
46 13 173 232
図書館の利用・文献検索の方法を身に付けるためのプログラム
59 41 342 442
大学内の教育資源（図書館を除く施設・設備・人員等）の活用方法に関するプログラム
37 17 153 207
自大学の歴史の学習等、大学への帰属意識の向上に関するプログラム
24 4 156 184
メンタルヘルス等、精神的・肉体的健康の保持に関するプログラム
36 15 118 169
学生生活における時間管理や学習習慣を身に付けるためのプログラム
33 18 201 252
0 100 200 300 400 500 600
（校）

※大学院大学22大学（国立4大学、公立2大学、私立16大学）は対象としない。

しかし、本来、初年次教育で「ことば」に関する内容を扱おうとするならば、学生がどのような「ことばの力」をすでに獲得し、どのような力を未だ獲得していないのかを体系的に確かめ、大学で身につけるべき「ことばの力」の内容を見定めた上で行われることが望ましいはずである。現在、各大学で行われている初年次教育はどこまでその点を踏まえて実施されているのだろうか。制度は急速に広がって定着したが、足元を固める作業は緒についたばかりで心許ない状況にあると言わざるを得ない。

分野や領域によって独自のルールを有する論文・レポートを適切に書くことは、大学四年間で身につけるべき「ことばの力」の一つには違いない。それならば大学初年次の学生が共通に身につけるべき読み書きの力とはどのようなものだろうか。大学の初年次教育、あるいは教養教育としての読み書きの指導はいかにあるべきだろうか。

結論から言えば、初年次生に必要なのは、論文・レポートの書き方のような文書作成上の作法の習得よりも、論理的文章を批判的に読み、考えたことを論理的に書くための、より基本的で普遍的な読み書きの力である。

次の項では、大学初年次生の論理的表現の実態の一端を示すことで右のことを述べようとするが、それはまた彼らに対する読み書きの指導の出発点を確認する作業でもある。

4　読み書き指導の出発点を探る

初年次生のクラスを対象として、実際に課題を与えて文章表現をさせた。具体的には、一時間の授業内に、論理的な文章を批判的に読み、本文を引用しながら自分の意見を述べるという作業を課してみた。

論文やレポートの形式について指導する前に、彼らのできることとできないことを把握しようというのがそもそもの意図である。実際にはこの作業とその前後の指導によって、彼ら自身もそのことが認識できる仕掛けになっている。

指示の中に「引用しながら」と付け加えたのは「親切な」指示のつもりである。文章を読んでその内容について論じるならば、当然「引用」が必要になる。あえてそれを指示することは無用のようにも思われた。

実は、「引用すること」は、「国語」の学習指導要領にも新たに盛り込まれた内容である。高校「国語総合」においては、次のように言語活動の「例」として掲げられている（傍線筆者）。

出典を明示して文章や図表などを引用し、説明や意見などを書くこと。

〈2 内容 B 書くこと(2) 言語活動例〉

新課程の「国語総合」は必履修科目であり、高校生はたとえばこのような「出典を明示して」「引用」するような言語活動を通して意見を書くことを学んでくることになる。

また「引用すること」は、高校だけでなく中学校・小学校「国語」においても取り扱われることになっている。

(中学校)

論理の展開を工夫し、資料を適切に引用するなどして、説得力のある文章を書くこと。

〈第3学年〉2 内容 B 書くこと(1)指導事項〉

(小学校)

引用したり、図表やグラフなどを用いたりして、自分の考えが伝わるように書くこと。

〈第5学年及び第6学年〉2 内容 B 書くこと(1)指導事項〉

これら中学校・小学校での扱いは、言語活動の「例」としてではなく、「次の事項について指導する」とされたものであり、全員が学ぶべき内容となっている。「引用」することができるかどうかは、

「国語」の評価の項目にもなったわけである。

調査の話に戻る。今回の課題の文章には新聞の論説を使用した。[5] やや古い文章であるが、受験を終えた直後の初年次生が関心をもちやすい内容であると判断して、センター試験の英語リスニングテストを批判する内容の論説を取り上げた。

その結果について詳述することはできないが概要をまとめてみる。まず、彼らが達成できたこととできなかったことに分けて述べよう。

〈できたこと〉

・文章の内容に関連した感想を述べる。

・文章の一部を引用しようとする。

概ねできたと言えるのはこれぐらいである。後者については、事前に指導・確認はしたものの、かぎかっこ（「　」）を付すという形式や、原文通りに書き抜くことができなかった者もあった。不注意である以前に、原文通りに「引用する」ことの意味も大切さも十分に理解されていなかったということであろう。

〈できなかったこと〉

・自分の意見を述べるために、必要な部分を的確に引用する。

・引用した部分の内容について、的確に意見を述べる。

これらはほとんどの者ができていないのだが、おそらく「できない」のではなく、そのような意見の述べ方を「知らない」と言った方がよいように思う。論点を把握することや論拠を捉えること、それを踏まえて反論するという方法を「知らない」のであろう。いつか習ったことはあったかもしれないが、具体的な経験に裏づけられた理解はなされていないということである。

一、二、例を挙げてみる。複数の学生が引用した部分の原文と、その引用部分に対する「意見」の一部である。

引用部分：「（リスニングテストの）問題の第一は、人間の全人格がかかわる『コミュニケーション能力』を、機器を使った単純な聞き取りテストと結びつける発想の貧困さにある」

意見①　しかし、聞き取る、ということはコミュニケーションの第一歩であると思う。…

意見②　私たちはまず聞き取る力を身につけなければなりません。…

「意見」が長く引用できないので分かりにくいが、両者とも、「聞き取る」ことの大切さを述べるのみで、原文が聞き取りの「テスト」を問題にしている点や、機器による単純なテストがコミュニケーション能力と結びつけられることを問題視している点には最後まで触れない。

引用部分：「音声情報を無批判に、ひたすら理解させるだけの作業は、教育とは言えまい」

意見③　話し手の言葉が理解できなければ、相手の思考を批判することも、自分の意見を持つこともできない。

意見④　コミュニケーションの下地を作ってくれているという点では、リスニングは立派な教育である、と言えるのではないかと思います。

この部分に反応した者も多かったが、「無批判に」や「ひたすら理解させるだけ」という文言に具体的に言及するものは皆無であった。右の例に見られるように、音声機器を通した音声情報を「話し手の言葉」と置き換えたり、音声情報を理解するだけの作業もコミュニケーションの基礎になると論証抜きに主張したりするものがほとんどである。

これらの例が示すように、彼らは論説の中に違和感を覚える部分を見出し、その部分を漠然と指摘することはできている。が、その部分の内容を詳細に検討して論点をはっきりさせたり、それに対する有効な批判を述べたりすることは、この段階ではできていない。

右のような「意見」を見ると、彼らの覚えた違和感は必ずしも筆者の思考の筋道を細かくたどるうちに現れたものではないようにも思われる。筆者の思考の筋道をたどり、いわば思考を追体験しながら文章を読むことは、「評論文」を扱う高校「国語」の授業では典型的な学習活動であるが、しっかりと身につけている者は思ったほど多くない。

「何を筆者が述べようとしているか、その大体の方向を捉えることはできても、どんな点を強調して論じようとしているのか、論旨がどのような順序で展開されているのか、その段落が論説全体の中で、どういう位置を占めているのか、ということを的確にたどって行ける生徒は案外すくない(6)」という一九五〇年代の指摘は、現在の学生・生徒にもそのまま当てはまるようである。

「評論文」の授業では「筆者のものの見方考え方を知る」ことに力点が置かれることはしばしばある。また、教科書によっては環境や文化などのテーマに沿って「評論文」が配列されることもある。しかし、「国語」がことばの学習である以上、その教材文の筆者のものの見方考え方を知ることが「読解」の目標ではないはずだ。最終的には、文章に現れた筆者のものの見方考え方を知る方法を知ること、すなわち、「評論文」の読み方を学ぶことが目指されているはずである。そのような授業の目標が、高校生にはもっと明確に意識されてよいのではないか。さらに言えば、考えの道筋を文章に表すための的確、適切、効果的な方法を学ぶのは、もちろん自分が実際に書くためであることも、あわせて意識されてよいのではないか。

また、引用部分の内容とほとんど無関係に自説のみを述べたり、反論として述べる自説の論証が不十分であったりする例が少なからず見られるのは、やはり根拠に基づいて自分の考えを述べる方法や、的確に反論する方法が身についていない者が多いことを窺わせる。

そうしたトレーニングを積む機会が全体に乏しかっただろうことは、高校三年間の「国語」の授業で四〇〇字程度以上の文章を一度も書かなかった者が全体の四六%を占めたという状況からも推測される。

大学初年次生に対する読み書きの指導は、このような学生の実態を踏まえ、それぞれの実情に応じて構想される必要がある。

注

(1) 石井秀宗他「大学生の学習意欲と学力低下に関する大学教員の意識についての調査研究」(『大学入試センター研究紀要』第三四号、大学入試センター、二〇〇五年)
(2) 小野博他「日本人大学生を対象とした日本語教育」(『NIME Newsletter』第三一号、メディア教育開発センター、二〇〇二年)

（3）筒井洋一『言語表現ことはじめ』（ひつじ書房、二〇〇五年）
（4）井下千以子「学士課程教育における日本語表現教育の意味と位置―知識の構造化を支援するカリキュラム開発に向けて―」（『大学教育学会誌』第二七巻第二号、大学教育学会、二〇〇五年）
（5）朝日新聞二〇〇四年一月二一日付「私の視点」
（6）増淵恒吉「論説・論文の読解力を増すにはどうすればよいか」（『国文学 解釈と鑑賞』一九四号、至文堂、一九五二年）

第二節　大学初年次生の語彙力

1 「桜（さくら）」という語は？

国立教育政策研究所教育課程研究センターは、学習指導要領の定着度を知ることを主たる目的として、定期的に「教育課程実施状況調査」を実施している。最近では平成一七（二〇〇五）年一一月、全国の高校三年生約一五万人（国公私立高等学校全日制課程三学年生の約一三%）を対象として「高等学校教育課程実施状況調査」を実施した[1]。この調査は、平成一一（一九九九）年度告示の「高等学校学習指導要領」に基づく教育課程の実施状況について、「学習指導要領における各教科、科目の目標や内容に照らした学習の実現状況の把握を通して調査研究し、今後の教育課程の改善等に資する」ことを趣旨として、具体的には、生徒を対象としたペーパーテストによる調査と、生徒及び教師を対象とした質問紙による調査が行われた。「国語」のペーパーテスト調査の実施科目は「国語総合」であった。

「国語総合」の調査にはA・B二種類の冊子が用意され、それぞれに約一万五千人が回答した。結果は、全設問四七問のうち、設定通過率（通過することが期待される解答の割合を事前に設定したもの。「通過」とは正答と準正答とを合わせて言う）を上回ると考えられる問いが二三問、同程度と考えられる問いが一二問、下回ると考えられる問いが一二問であった（A冊子二五問、平均通過率七一・八%、B冊子二二問・平均通過率六三・八%）。ただし、記述式の設問に限ると、全九問のうち三問で設定通過率を下回ったほか、前回（平成一四年）調査同様、無解答率も高く、改めて課題が浮き彫りになった。

この調査で、ひときわ通過率が低かった設問が一つある。その問いの通過率はわずかに二七・五%、設定通過率六五%をはるかに下回る結果であった。ちなみに通過した二七・五%のうち「正答」の条件を満たした解答は、実は七・四%に過ぎなかったのである。

次の問いがそれである。

日本語の語を、ある基準で次のA、B、Cの三つのグループに分けると、「桜（さくら）」という語はAのグループに入る。「桜（さくら）」という語と、Aのグループの語に共通する点は何か、書きなさい。

A［宿屋　跳ぶ　わざ　…］
B［旅館　跳躍　技術　…］
C［ホテル　ジャンプ　テクニック　…］

この問いの「正答」の条件は、「和語」「漢語」「外来語」という「日本語の語種に着目して適切に解答している」ことである。「漢字でも仮名でも書ける語である」など「文字・表記に着目して適切に解答」したものが「準正答」として処理された。すなわち、「桜（さくら）」という語が「和語」であることに着目して適切に答えることができた高校三年生は解答者全体の七・四％に過ぎなかったということである。

このときの高校三年生は、小学校時代、平成一〇（一九九八）年告示の小学校学習指導要領による教育を経ているのであるが、そこには次の一項があった。

（イ）　語句の構成、変化などについての理解を深め、また、語句の由来などに関心をもつこと。

（第5学年及び第6学年［言語事項］）

『小学校学習指導要領解説 国語編』（一九九九年）によれば、この項は第五・六年生で重点的に指導することとされ、日本語の語彙体系について「語源を調べたり、和語・漢語・外来語などの区別について関心をもったりできるようにする」ことを具体的な内容としている。

実際の小学校五・六年生用の教科書には、たとえば次のように「語句の由来」などの説明がある。

わたしたちは、もともと日本民族が長い歴史の中で作り出してきたと考えられている言葉（和語）に、外国語を借用して日本語としている言葉（漢語と外来語）を交えて使っています。「うみ（海）」「やま（山）」「ある（歩）く」「あか（赤）い」などは和語です。漢語は、古い時代に中国語から借用したものです。漢語は、古くから日本で使われているだけに、わたしたちの生活に欠かせない言葉になっています。「学校」「県庁」「権利」「就職」などは、漢語です。外来語は、ふつう、かたかなで書きます。「テニス」「ミシン」「マヨネーズ」など、日本になかった文物を中国以外の国から取り入れるとき、それらを指す外国語を借用して日本語とした言葉です。

（「言葉の由来に関心を持とう」T社6年下）

このように、日本語の語彙が「和語、漢語、外来語」から成ることは、その語種の名称とともに小学校五・六年で学習する内容であり、「さくら」「とぶ」「わざ」が「和語」であることを答えられないのは、その内容が身についていないことを示している。
こうした基本的な知識が身についていないのは、その知識が日常のことばの運用とどのように関わるのかが十分に意識されずにいることに原因の一つがあると考えられる。このような知識は、実際の言語運用に活かされなければ大きな意味をもち得ないのである。

国立国語研究所の調査[2]によると、

新しく農業を始めるには、地域の〔支援、手助け、サポート〕が必要です。

という文を示し、〔 〕内のどの語を選ぶか、具体的な場面を想定して回答させたところ、「大勢の人の前で話すとき」には「支援」が最も多く選ばれ（四七・一％）、「友達同士で話すとき」には「サポート」が多く選ばれる（三九・〇％）。そして「初めて会うお年寄りと話すとき」には「手助け」が圧倒的に多くなり（八一・六％）、「サポート」を選ぶ者はわずか三・三％に減る。
このように、評論や論説などの改まった文章を書くときに「手助け」という和語を避けたり、小学校低学年生のグループに向かって話をするときに「支援」という漢語を使うのは適切でないと判断したりするのは「和語、漢語、外来語」が日本語の語彙体系の中でどのような位置を占めるのか、それぞれの語彙にはどのような特徴があるのかといった知識を基盤とする言語感覚である。

日本語の語種に関する知識は、実際の言語運用の中で活かされて、はじめて意味のある知識となる。小学校五・六年で日本語の語種を初めて学んでから、後々そのことはどれほど学習者の意識に上るように仕向けられているだろうか。そのことが意識されなければ、それを学ぶことの意義もまた理解されない、その結果、この学習の内容は定着しがたい、ということになる。

この「教育課程実施状況調査」の結果を踏まえた指導上の改善点として、「国語を学ぶ意義を明確にし、自ら進んで学ぶ態度や姿勢を育成する」ことが真っ先に掲げられたのは、「国語を学ぶことの意義が、すべての生徒に必ずしも十分認識されているわけではない」という反省に基づいているが、その前に「教師自らが国語を学ぶ意義を明確に認識」する必要があることを忘れてはならないだろう。

なお、先に引用した教科書は「漢語は、古い時代に中国語から借用したものです」としながら、例として掲げた漢語には「権利」などその定義に当てはまらないものも含まれている。「権利」「義務」「思考」「意識」など、近代において日本で作り出された漢語は枚挙に暇が無いが、こうした例を通して漢字の造語力や、日本語語彙体系における漢語の位置、和語・外来語との使い分けの必要性などが学ばれなければならない。無論そのすべてが小学校五・六年生の指導事項とはなり得ないが、高校までの指導の中に段階的に位置づけられる必要があるだろう。

2 語彙力を調査する――「理解する力」と「適切に使う力」

大学で学生が身につけるべき「ことばの力」の内容を見定めていくためには、入学した学生がどのような「ことばの力」をすでに獲得し、どのような力を未だ獲得していないのかを体系的に確かめておく必要がある。その一端として、日本語の種々の運用能力の基盤となる語彙力に焦点をあて、ある大学の入学直後の学生を対象に、彼らの語彙力――語句を「理解する力」と「適切に使う力」、またその両者の関係について、継続的に調査した結果を見ていくことにする。

(1) 調査の概要

この調査は、平成一六（二〇〇四）―二一（二〇〇九）年の六月または七月に、毎年一回、計六回実施された。調査の対象となったのは、ある国立大学の初年次生で、母語としての日本語の運用能力の育成を目的とする科目を履修した、約五〇〇名である。調査が継続された期間中、この科目は同じ名称で二クラス開講された。一つは理系教育組織Ｊの学生を中心とするクラス（クラスＪと呼ぶ）、もう一つは理系教育組織Ｋの学生が履修するクラス（クラスＫと呼ぶ）である。ちなみに、教育組織Ｊ・Ｋはともに理系の研究領域を教育内容とする組織であり、もう少し具体的にいえばＪは科学技術系、Ｋは医療福祉系ということになる。両組織とも個別学力試験の受験に際してはセンター試験「国語」が必修となっており、ここ数年、合格者の「国語」の平均点にはほとんど差が見られない。

調査は授業時間内に質問紙を配って行われた。質問項目は次の①②に大別される。

①語句を「理解する力」を測る（二〇問）
啓蒙的な書物や教養分野の入門書などを読むために大学生として身につけていることが期待される語、また、学生が日常的に目にする新聞・雑誌などの文章に普通に用いられる語の意味や、漢字の読みなどを問う。多肢選択方式（五択）。出題した語句は、『高校生のための評論文キーワード100』（中山元、二〇〇五年）などを参考に選定した。漢字の読みに関する問いをここに含めたのは、それが漢語語彙の理解への入り口と考えたからである。なお、平成一七（二〇〇五）年度より二〇問中八問を入れ換えて実施した。

②語句を「適切に使う力」を測る（二〇問）
学生が日常的に目にする新聞・雑誌などの文章に普通に用いられる語を、文脈に応じて適切に使う力を測る。求答式。六回ともまったく同じ二〇問で実施。

①②の各小問は、内容によって次のように分類できる。

①語句を「理解する力」を測る

・漢語の読みを問う。

・漢語の意味を問う。

・外来語の意味を問う。

②語句を「適切に使う力」を測る

・文脈に合った和語を問う。

・文脈に合った漢語を問う。

・文脈に合った慣用句、四字熟語、ことわざなどを問う。

・文脈に合った外来語を問う。

（2）調査の結果

①語句を「理解する力」

六年間のいずれの調査でも、「漢語の読み」に関する問いと「外来語の意味」に関する問いの正答率は高い。

「漢語の読み」に関する問いでは、「示唆（しさ）」「啓蒙（けいもう）」「既存（きぞん・きそん）」の常用漢字表内の漢字による漢語から「云々（うんぬん）」「所謂（いわゆる）」といった現代では見かけなくなった漢語まで、出題した問いのすべてが上位を占めている。ただし「云々」や「所謂」の正答率が九〇％前後なのは、おそらくは実態より高い結果であり、出題の形式が多肢選択方式であることを割り引いて考えるべきである。が、それでもなお、調査対象の学生は、書かれている漢字をとりあえず「読む」ことについては、入学までに相当なトレーニングを積んでいると言ってよいだろう。また、この大学の入試制度は、他の多くの大学の入試制度がそうであるように、このような学生の選抜によく機能しているとも言えるだろう。

「外来語の意味」に関する問いでは、「カテゴリー」「メタファー」「ディテール」「パラドックス」など、日常よく見聞きする一般的な語の意味についての正答率は十分に高いが、「ア・プリオリ」「イデオロギー」「パラダイム」「ドグマ」などの正答率は低い。これらは日常の使用頻度は低いが、啓蒙的な書物や教養分野の概説書などにはしばしば見られる語であり、そのような書物に自発的に向かうためには知っておきたい語彙である。高校「国語」の「国語総合」や「現代文」の評論文教材にも散見される語であるが、入学直後の初年次生には十分に定着していない。

一方、漢語の意味に関する問いの正答率は相対的に低い。「演繹」の反意語、「該博」の適切な用法、「具象」の反意語などは比較的正答率が高いが、それ以外の問いでは正答率が五〇％に達しない。「外延」の反意語、「形而上」の意味など哲学の用語に関する問いは難しいだろうが、「実証」の類義語、「一義的」の同義語など、身についていることが十分期待され、文章を書いたり議論をしたりする大学での言語生活にすぐに必要になるものについても正答率は低い。ちなみに毎年最も正答率が低いものの一つは「薫陶」の意味を尋ねる問いである。

これらの結果からは、個々の漢字を漢語の中で読むことについては入学までに相当にトレーニングを積み、かなりの知識をもっていることが窺える。が、漢語や外来語の意味については「体系的な」理解が十分にできていないという学生の実態を窺うことができるように思われる。

高校までの「国語」の授業では、教材にたまたま現れた難語句について、個々の語の読みや意味を確認する作業はよく行われていよう。しかし、それぞれの語を日本語の語彙体系中に位置づけて、対義語・類義語などをはじめとする他の語との関係を併せて学ぶ時間が必ず確保されるわけではない。たとえば、その語が書き言葉なのか話し言葉なのか、どのような場面や文脈で使えるのか使えないのか、意味の類似する別の語とどう同じでどう違うのか、といったことまで実践的に学ぶ機会は不足がちであろう。

また、たとえば相当難解な評論を詳細に読解する学習は行われても、その教材文中に現れる「課題」「仮説」「定義」「検証」「反証」「考察」などの語群を、論証に関連する〈語彙〉として意識するような学習は稀であろう。

このたび、平成二〇（二〇〇八）年に告示された小学校学習指導要領においては、「言葉の特徴やきまりに関する事項」の一つとして「文章の中での語句と語句との関係を理解すること」（第５学年及び第6学年）が新設された。高校までの「国語」において、〈語彙〉という考え方を徹底して学ぶことが期待されている。

大学において、あるいは社会において、どのような日本語の力が求められるのか、その力を高校と大学でどのように伸ばしていくのか、それを考える上では右のような現状も踏まえておくべきであろう。

なお、この調査では、クラス全体の平均点にそれほど目立った差は見られなかったのだが、それでもいくつかの問いにおいてはクラスごとの正答率に若干の差が生じている。その差の大きかったものを次に挙げる（平成一九—二一年に継続して出題）。

	J	K
「形而上」の意味	五八・七	三六・七（%）
「唯物」の読み	六七・七	四八・〇
「パラダイム」の意味	五〇・五	三二・九
「イデオロギー」の意味	四九・八	三五・六

一般入試合格者のセンター試験「国語」の平均点ではほとんど差がない両組織の学生の間でこうし

た差が生じる理由はさまざまに考えられるが、実は、このクラスによる差は、語句を「適切に使う力」において、より顕著に見られるのである。

②語句を「適切に使う力」

学生が日常的に目にする新聞・雑誌などの文章に普通に用いられる語を出題しているが、「理解する力」に比して全体の正答率は低い。多肢選択式ではなく記述式であることももちろん影響はあるだろう。

二〇問の中で最も正答率の高かったのは、「モチベーション」（八〇・二％）、「随時」（七九・六％）であった。実際の設問は次のような形式である。

a　優勝の可能性が消え、選手たちの（　　　　　　）を維持するのが難しくなった。

空欄に「動機づけ。動機や意欲を与えること。やる気」などの意の外来語を補う。

b　新入会員（　　　　　　）募集中。

空欄に「時期を定めず、いつでも」の意の漢語を補う（仮名書きでもよい）。

漢語を答える設問については仮名書きで解答したものも正答とした。「こんな時にはこの言葉を使う」ということに思い至ることができれば、実生活では支障がないからだ。漢字が分からなければ調べればいいが、その言葉に思い至らなければ決して使うことはできない。

その一方で、正答率が二〇％に満たない問いが四問あり、最低は「コンセンサス」で正答率はわずかに八・八％。一人も正答者がいないクラスもあった。

c　憲法の改正には国民的な（　　　　　）が必要である。

空欄に「意見の一致、合意」などの意の外来語を補う。

この四問には和語、漢語、四字熟語、外来語がそろって含まれている。

d　ハリケーンの被災地は、（　　　　　）しがたい惨状を呈していた。

空欄に「ものごとのありさまを言葉で言い表す」という意味の漢語を補う。

e　新製品の投入でシェアの挽回を狙ったK社の（　　　　　）は見事にはずれた。

空欄に「もくろみ、予想」の意の和語を補う。

f　M社の提案も、B社の提案と（　　　　　　）で、はっきり差がつかない。もっとメリットを強調したプレゼンテーションが必要だった。
　空欄に「少しの違いはあるが、全体として大差がないこと」をいう四字熟語を補う。

g　次年度の計画も、基本方針については従来の考え方を（　　　　　）したい。
　空欄に「そのまま受け継ぐこと」をいう漢語を補う。

解答は順に「名状」（一五・三％）、「おもわく」（一七・八％）、「大同小異」（一七・九％）、「踏襲」（二一・二％）である。もちろん他にも許容できそうな語句はいくつもあろうが、文脈・文体に最もふさわしい一語を選ぶことを求めている。あるいはここで身につけるよう求めている。

また、語句を「適切に使う力」は語句を「理解する力」に比して、クラスごとの正答率の差が大きいという特徴がある。次の図２・３は、クラスごとの平均点の年度推移を表している。図２は「理解する力」の平均点、図３は「適切に使う力」の平均点である。

図３を見ると、クラスＪの平均点が毎年クラスＫの平均点を上回っていることが分かる。「理解する力」の平均点にほとんど差がない年も、あるいはクラスＫの平均点の方が高い年も、「適切に使う力」は常にクラスＪが高いのは不思議である。

図2　平均点の年度推移（理解する力）

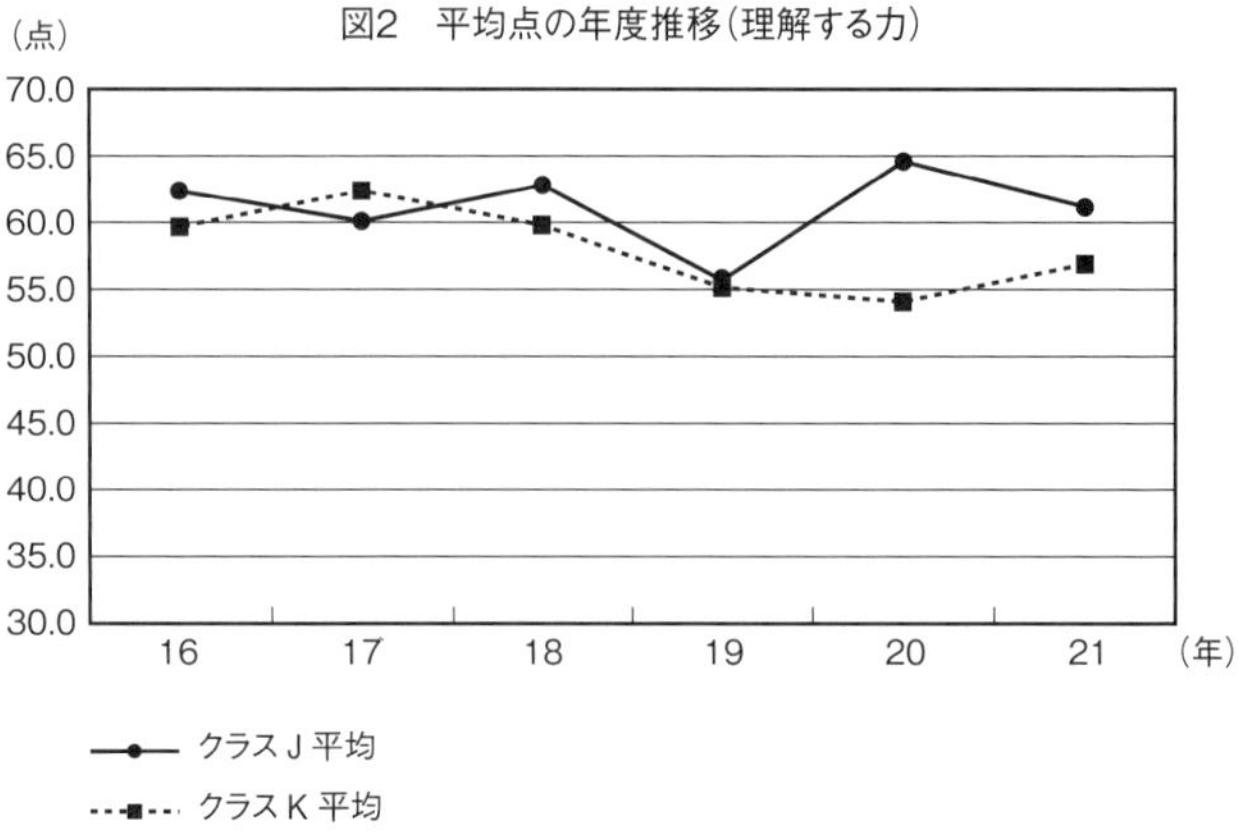

図3　平均点の年度推移（適切に使う力）

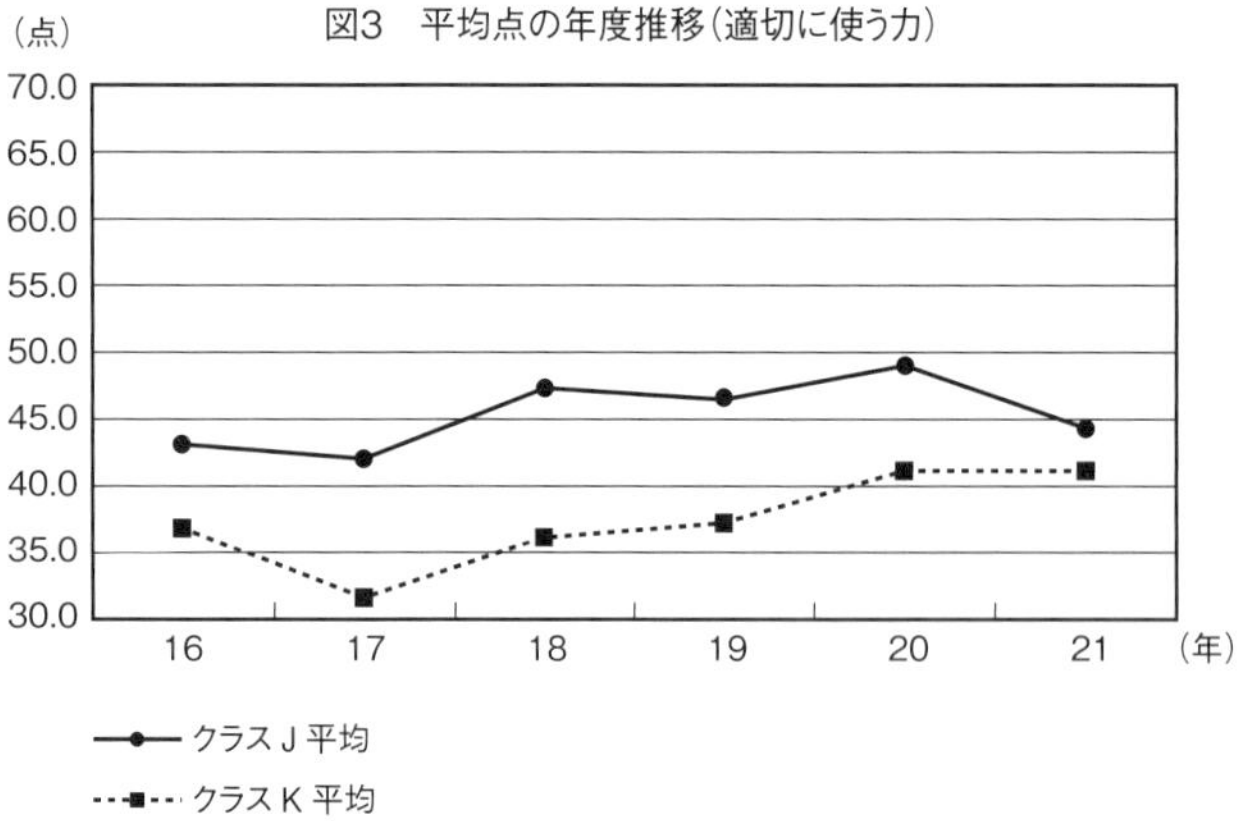

実はクラスJとKには専門分野以外にも異なる条件がいくつかあるのだが、その一つに選択・必修の別がある。正答率が高いクラスJは選択科目として、正答率が低いKは必修科目としてこの授業を履修している。選択科目として履修しているクラスを「言語運用について何らかの興味・関心または問題意識をもって主体的に臨んでいる集団」、必修科目として履修しているクラスを「関心の有無に関わらず否応なく履修を強いられている集団」と考えてよければ、そのような差が調査に臨む態度に、また調査の結果にも反映された可能性がある。

クラスごとの正答率に大きなばらつきが見られたのは、前述のg「踏襲」のほか、たとえば次の各問である。

h　サークルの会報に原稿を頼まれたが、…（中略）…以前に書いたエッセイにちょっと手を入れたものを載せて（　　　を　　　）ことにした。

「その場しのぎに適当なことを言ってごまかす」意の慣用表現を完成する。

i　両市が合併の合意に至るまでには相当の（　　　　　　）があった。

「こみいった事情があって、物事が複雑な過程をたどること」をいう四字熟語。

このうち、ｈ「（お茶）を（にごす）」は、平成一四（二〇〇二）年に実施された「高等学校教育課程実施状況調査」でも出題された慣用句である。そのときの設問は「お茶を」に続く語句を選択肢から選ぶ形式で、正答率は七六・一％であった。今回、調査対象となった学生も、少なくとも同程度には「お茶をにごす」という慣用句を知っていると思われるが、問題の文脈中でその慣用句を思いついて使用できた者は、全体では三九・九％、選択履修のクラスＪは五一・七％、必修クラスのクラスＫは二八・一％と差が開いた。

「お茶を」に反応して機械的に「にごす」を選ぶことと、文脈に応じて適切に「お茶をにごす」という慣用句を使用することとの間には小さからぬ懸隔がある。後者のような適切な言語的対応を実際に行うためには、自らの言語運用に日ごろから問題意識をもち、それに基づいて自覚的に訓練を重ねることが必要である。このように考えると、語句を「適切に使う力」を問う設問への反応には、必修か選択かというクラスの性格がある程度反映されていると推測できる。

「お茶をにごす」に次いで「紆余曲折」（全体：三三・五％、Ｊ：四三・八％、Ｋ：二三・一％）、「踏襲」（全体：二一・二％、Ｊ：二九・八％、Ｋ：一二・六％）と、慣用句、四字熟語、そして正答率の低い漢語が上位に並んでいる。

和語や漢語、外来語の語種別に結果を見てみると、和語を答える問いの正答率が低い。前述の「お

もわく」（一七・八％）のほか、

j　彼の言うことも（　　　）間違いだとは言えない。
「まんざら、必ずしも、一概に」などと似た意味の和語。

k　すべては彼が原因なのに、本人にはいっこうに（　　　）た様子がない。
「悪いことをしたと感じて、気おくれした態度をとる」という意味の和語。

l　アランの（　　　）日本語にはかえって好感が持てる。
「話し方がなめらかでないさま、未熟でたよりないさま」の意味の和語。

いずれも「あながち」（四二・〇％）「悪びれ」（四二・〇％）「たどたどしい」（二二・三％）と五〇％を下回る結果である。lには「つたない」も入りそうだという前に「話し方が」なめらかでないことをピタリと形容する言葉を思い出してほしいところである。

おそらくこれらの語の意味が理解されていないわけではない。ただ、これらの語を使用することが相応しい場に遭遇する機会が稀なのであろう。これは言語活動の質に関わる問題である。彼らの会話や文章表現の機会が、これらの語の使用に相応しくない場に偏っているとすれば、彼らの言語運用能力は磨かれる機会を逸していることになる。

外来語について見てみよう。「モチベーション」のほか「キャリア」（七四・九％）の正答率が高い。

n　これまでの彼女の（　　　　　　　）は、工学部卒としては異色である。
「経歴、仕事上の経験」をいう外来語。

この語は、調査開始当初の正答率は六五％程度であったが、その後、平成一八年（二〇〇六）度以降、正答率が高まり、近年では平均八〇％を超える正答率に達している。

この結果は、高校生の間に「キャリア」という語の浸透度が急速に高まっていることの一つの現れであると見えて興味深い。「キャリア教育」という言葉が文部科学行政関連の文書に初めて現れたのは、平成一一年の中央教育審議会の答申「初等中等教育と高等教育との接続の改善について」においてであった。その後、学校教育現場にこの言葉は瞬く間に浸透し、高校生にとっても「キャリア教育／学習」という言葉で一気に身近なものになったようである。ちなみに、文部科学施策にも平成一六年「キャリア教育推進地域指定事業」、一七年「キャリア教育実践プロジェクト」と「キャリア」の名を冠したものが次々と現れ、一八年には「キャリア教育推進の手引」が公表された。また平成一六年には「日本進路指導学会」が「日本キャリア教育学会」へと名称を変更した。

m　あの大学のWebサイトは、デザインはよいが（　　　　　　）が乏しすぎる。
「内容、中身」などの意の外来語。

o　気鋭の詩人・声楽家・舞踏家の3人が繰り広げる（　　　　　　）。
「異分野の者同士が、共同で作り上げること。共同作業」などをいう外来語。

「コンテンツ」は五四・〇％、「コラボレーション」は三五・五％の正答率である。この二つの語は、『「外来語」言い換え提案』（国立国語研究所、二〇〇六年）によると、国民の理解度が二五％未満であり、それぞれ「情報内容」「共同制作」などの言い換えが提案されている。「コンテンツ」はインターネットや情報サービスの普及に伴って、また「コラボレーション」は文化・芸術活動など、さまざまな分野での共同制作が盛んに行われるようになって、急速に使用頻度の高まった語である。後者には「コラボ」という略語まで登場している。ただ、両語とも一〇—二〇代の世代に限れば理解度は決して低くあるまい。このような語彙については、相当に目新しい語であっても、機会があれば積極的に使ってみようという意欲もあるものと思われる。

一方、同じ外来語でも、前述のように「コンセンサス」は正答率が著しく低い。「コンテンツ」や「コラボレーション」に比べて古くから使われている語であるが、学生にはなじみがないようである。この両者の差は、それぞれの語を見聞きする頻度、すなわち量的な問題である以上に、日ごろの言語活動がどのように行われているのかという質の問題でもあるかもしれない。たとえば、所属する集団内で「コンセンサス」を得るような経験自体が不足していれば、また、ある集団の「コンセンサス」の在りかを見きわめ、議論の中でそれに言及するような経験が乏しければ、当然、それらの語が使用語彙として定着する機会も乏しくなるだろう。ここで「コンセンサス」の代わりに「言い換え語」の「合意」という漢語を問うても結果はあまり変わらなかったのではないだろうか。

③語句を「理解する力」と「適切に使う力」との関係

最後に、語句を「理解する力」と「適切に使う力」との関係について、調査の結果を基に述べておく。

次の図4・5は、一六―二一年度調査における個々の学生の得点を組織ごとに示したものである。どちらの組織でも語句を「理解する力」が「適切に使う力」を上回っているのは当然であるが、そ

図4　理解・使う力の相関　クラスＪ（2004～2009）

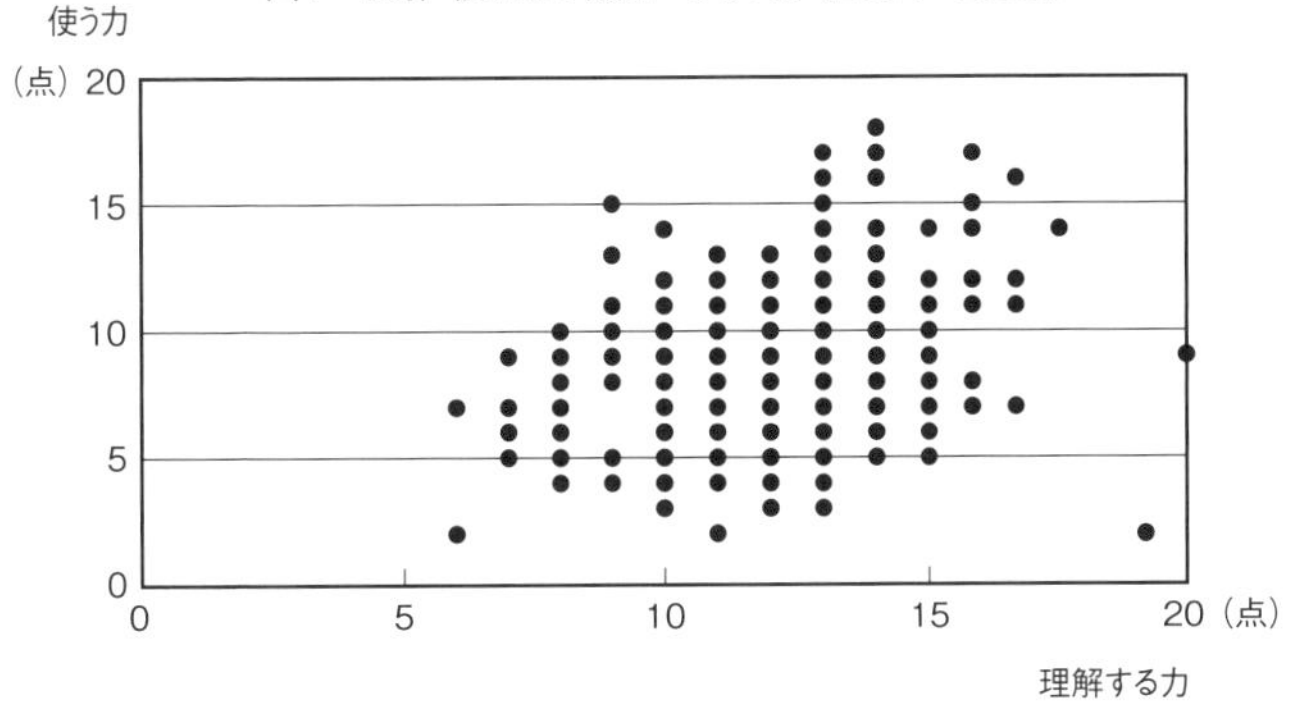

図5　理解・使う力の相関　クラスＫ（2004～2009）

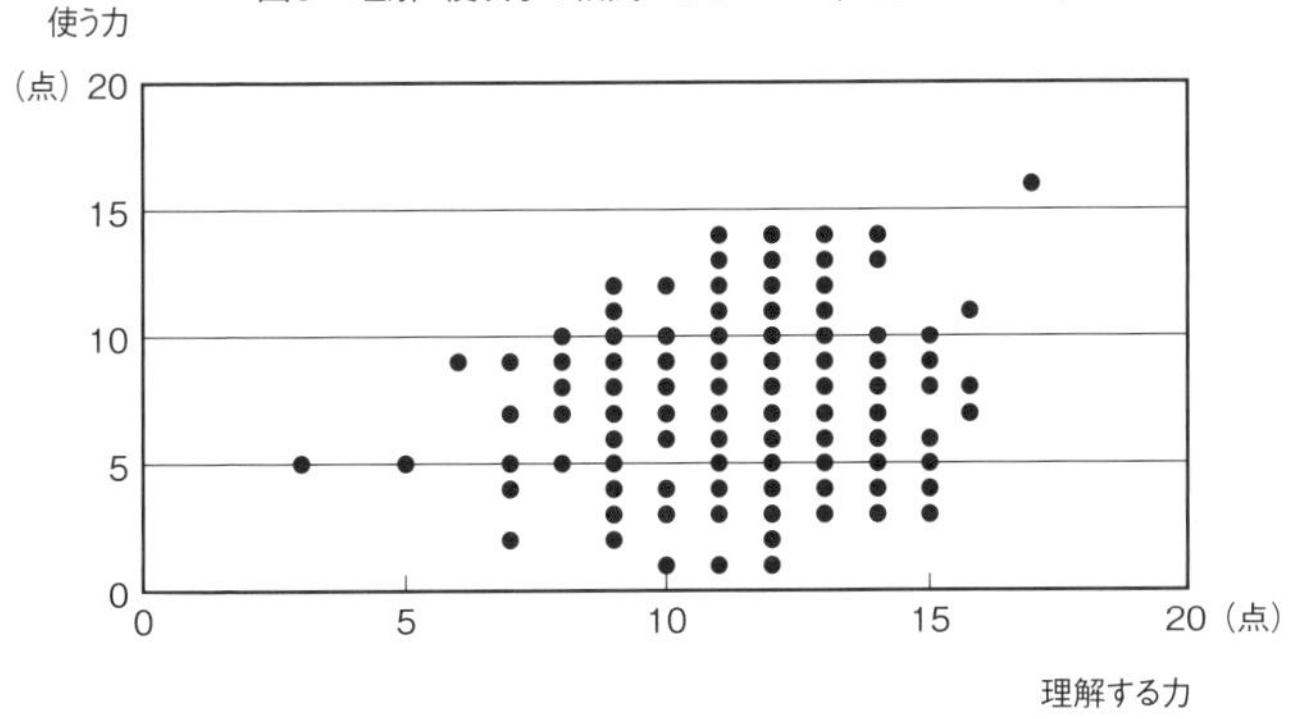

れぞれの組織について二つの力の相関関係を確かめてみると、クラスJでは「ごく弱い」（相関係数〇・三二）、クラスKでは「ほとんどない」（〇・一五）という結果である。

語句を「理解する力」が「適切に使う力」に必ずしも結びついていないことは、大学に限らず高校の先生方も生徒との会話の中でも感じるところではないだろうか。この結果はその直感に矛盾しない。

また、必修科目として履修しているクラスKにおける相関が、選択科目のクラスJのそれよりわずかながら弱いという結果は、言語運用に対する問題意識がより希薄な集団では、語句を「理解する力」と「適切に使う力」との相関もより弱いということを示唆しているようにも思われる。

3 言語運用に対する意識

ここまでに述べたことをまとめておく。個々の漢字の読みや一般的な語句の意味を「理解する力」は、入学までのトレーニングを通して相当に高められている。が、その範囲は大学で主体的に学ぶために十分に広いとは言えず、学術・教養に関する語句については理解度が低い。さらに語句の意味についての体系的な理解が十分でないと思われる。

また、語句を「適切に使う力」については、集団によってばらつきが見られる。そのばらつきは、選択科目として履修している集団（自らの言語運用に問題意識をもっていると予想される集団）と、そうでない集団との差なのかもしれない。この差が、語句を「理解する力」に比べ、「適切に使う力」において、より顕著であるということは、入学前のトレーニングによって、「理解する力」はほぼ一様に高められているものの、「適切に使う力」は、自らの言語運用に対する問題意識の強さによって、差が生じていることを示唆しているのかもしれない。また、表現を豊かにする和語を適切に使用する力が全体に不足していることや、「コンテンツ」は使えても「コンセンサス」は使えないことなどは、日常の言語生活の場面に偏りがあることを窺わせ、語句を「適切に使う力」を磨く機会そのものが不足がちであることを指摘できそうである。

さらに、語句を「理解する力」と「適切に使う力」との間には、はっきりした相関が認められなかった。そして、自らの言語運用に対する問題意識がより希薄であると予想される集団では、語句を「理解する力」と「適切に使う力」との結びつきもより弱いという結果が得られた。

大学で身につけるべき「ことばの力」の具体的内容は、個々の大学の教育目標によってそれぞれに異なることにもなろうが、ここまでに指摘した不足や不十分は、大学生に共通して求められる基礎的な力の一部と言えるだろう。

また、語句を「適切に使う力」の不足と、「理解する力」との結びつきの弱さは、教科書教材本文中の難語句個々の読みや意味理解についての学習に比して、場面に応じて最も適切な語を選択し実際に使用するといった学習が相対的に不足しがちな高校までの学習の在り方や、場合によってはその学習のインセンティブとなっている大学の入学者選抜の在り方が内包する問題の一端を示すことにもなっていよう。

注

（1）国立教育政策研究所教育課程研究センター『平成17年度教育課程実施状況調査（高等学校）Vol.1-2』（二〇〇七年）

（2）国立国語研究所「外来語」委員会編『分かりやすく伝える外来語言い換え手引き』（ぎょうせい、二〇〇六年）

第二章

大学入試における「書くこと」の実態と課題

第一節　文章表現を課す大学入試と高校生の学習経験

1　大学入試と高校「国語」

前章で見たように、考えを述べる文章[1]を書くことの学習経験が乏しいまま大学に入学する学生が少なからず存在するらしい。その一方で、文章を書くことを課す大学入試は、高校生が文章表現を学ぶ契機の一つとなっている一面がある。ここでは高校における文章表現の指導の実際と、その大学入試との関連について見ていくことで、両者の望ましい接近の在り方を考えてみようと思う。

高校、特に進学校の「国語」教育の現場は、学習指導要領の掲げる「適切に表現し」「伝え合う力を高める」という教科の目標と、「読解」の問題に偏りがちであった大学入試「国語」への対応の狭間で、文章を「書くこと」、すなわち文章表現の指導を後回しにせざるを得ないという問題を抱えてきた。

学力試験の比重が低下しつつある近年の「高大接続」の状況全体から見れば、「読解」偏重の傾向はやや薄れ、さまざまな形で文章表現が課される場合もずいぶんと増えてきた。これに応じるように、「小論文模試」の導入などをはじめとして、高校における受験指導の在り方も少しずつ変わりつつある。

一方、大学入試問題は入学者を選抜するためのツールであると同時に「高校教育の暫定的到達目標であり、教材である」という一面を指摘する研究者もいる。(2) そうだとすると、「国語」の大学入試問題は、学習指導要領が掲げる「適切に表現し」「伝え合う力を高める」という大きな目標に適った、高校までの「国語」教育の一つの到達目標としての性格をもち、教材として有機的に働かねばならないことになる。大学入試「国語」が、そのようなものとして有効に機能するように、大学入試「国語」と高校「国語」教育の在り方とが、それぞれに歩み寄りを図らなければならない状況は、今なお継続していると言えるだろう。

従来、研究領域としての「国語教育学」は、大学入試を視野に入れた議論に積極的に関わろうとしてこなかったように見える。大学入試で問われる内容が「読むこと」の領域に偏ることとの問題について言及したものは果たしてどれほどあったのだろうか。

高校における文章表現指導の実際と、その大学入試との関連についてはこれまであまり取り上げられたことがないようだ。そこでここでは、その両者の関連を少し詳しく見てみようと思う。

高校の文章表現の指導は、大学入試とどのように関連して行われているのか、また高校生は文章表現をどのように学んで大学に進学するのだろうか。その一端を捉えることができれば、文章表現を課す大学入試の在り方や、高校の「国語」における文章指導の在り方の改善に示唆を得ることができるかもしれない。この問題に取り組むのはそのような理由からである。

具体的には、大学初年次生を対象に、彼らが高校時代に受けてきた文章表現の指導の実状を調査する。そして文・理系の別、選抜プロセスに文章表現を含む入試の受験経験の有無の別などの観点から結果を分析する。

また、学習指導要領の記述や検定教科書の内容をもとに、高校「国語」の各科目における文章表現の位置づけや、そこで求められる取り扱いなどを確認する。

2　高校で経験した文章表現の学習に関する調査

(1) 調査の概要

平成二一（二〇〇九）年の春から夏にかけて、国立T大学、K大学の初年次生、約三六〇名を対象として、次のような項目の質問紙調査を実施した。

a　高校クラスの「文・理系」の別
b　「小論文」や「志望理由書」など、文章表現を課す入試を受けた経験の有無
c　教科「国語」の授業において、まとまった分量の文章を書いた経験（回数）
d　教科「国語」の授業以外に、まとまった分量の文章を書いた経験（内容）

T大学では二一四件（全学共通の言語表現科目の受講生等。全入学定員の約一〇・三％）、K大学では一五〇件（「全学教育」の自由選択科目の受講生。全入学定員の約五・八％）を回収。有効回答数は三五七件であった。

(2)　調査の結果

a　高校クラスの「文・理系」の別

文系：九一（二五・五％）
理系：二二六（六三・三％）
他　：四〇（一一・二％）

人数の上からは、やや理系に偏ったデータとなっている。ここでの「他」には、無回答、区別な

し、また「芸術学科」などが含まれている。

理数科、国際科など、所属学科が文・理のいずれかに特化されている場合を除くと、クラスが文・理に分かれるのは二年生からの場合が多い（六八・九％）。

b 「小論文」や「志望理由書」など、文章表現を課す入試を受けた経験の有無

有：一八二（五一・〇％）

無：一七五（四九・〇％）

ほぼ半数の学生が大学受験の中で文章表現――たとえば「小論文」や、AO入試・推薦入試の「志望理由書」など――を課す入試を経験していることが分かる。なお「経験」とは併願校の入試をも含み、実際に入学した入試に限らない。また、この結果には文・理の区別がほとんどない（文系：四六〈九一人中。五〇・五％〉、理系：一一二〈二二六人中。四九・六％〉）。

c 教科「国語」の授業において、まとまった分量（四〇〇字程度以上）の文章を書いた経験（回数）

○ ：一四七（四一・二％）

一―三：　七九（二二・一％）

四―六：　五四（一五・一％）

七―　：　七七（二一・六％）

三年間を通じて「〇回」と回答した者の多さが目を引く。これもまた文・理の別を問わない（文系九一名中三六名、三九・六％、理系二二六名中九九名、四三・八％）。それが全体で四〇％を超えている。第一章で述べた小さな調査と同様の結果である。高校三年間を通じて「国語」の授業で四〇〇字程度の文章を一度も書かなかったという者が多数存在していることが確かめられた。この結果に驚かないのは「国語」の教員だけかもしれない。

「〇回」に「一―三回」を加えると全体の六〇％を、「四―六回」までを加えると全体の七五％を超えることになる。

この「〇回」の回答数を学年別にみると、

一年：一七三（四八・五％）

二年：一九〇（五三・二％）

三年：一九二（五三・八％）

と、文・理系のクラスに分かれた二年生以降においてわずかに増えている。二・三年生の二年間を通

図1　「0」と回答した者の割合（1）

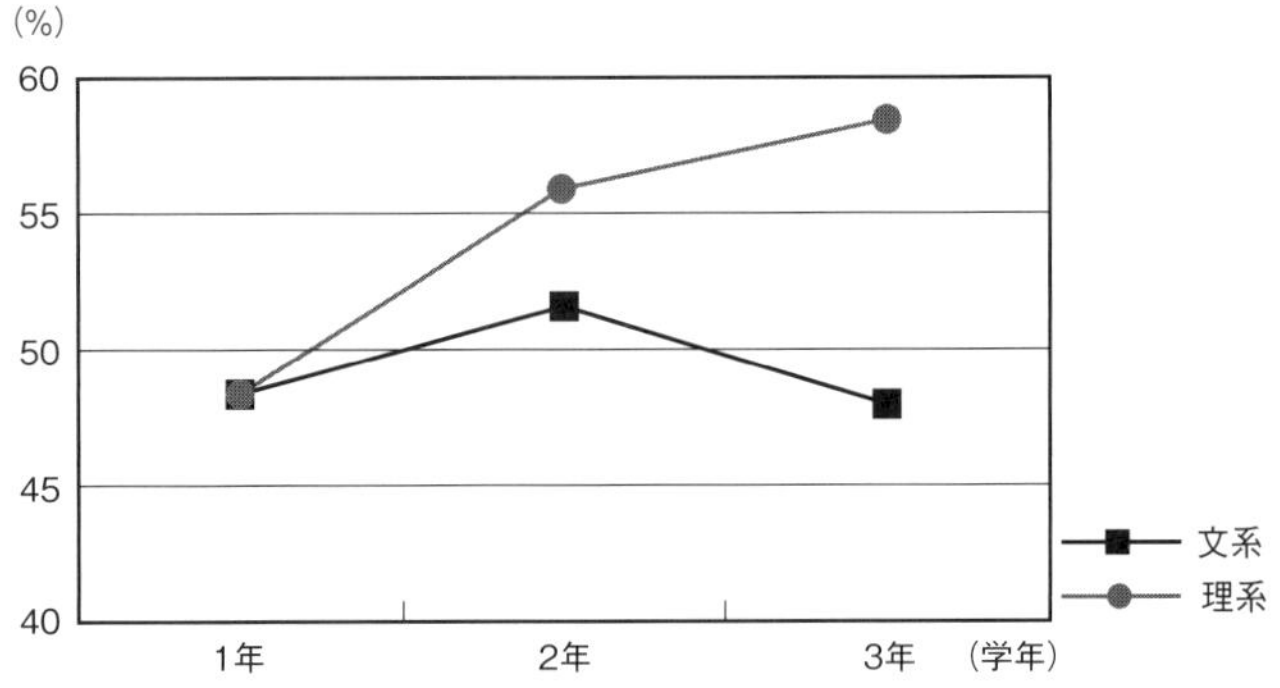

じて「〇回」という回答は一五八（四四・三％）である。「〇回」と回答した者の割合を学年別、文・理系別に示すと図1のようになる（一年生は文・理別ではなく、全体の値）。

学年を追って文・理の差が開いていくように見える。「文系」は三年生においてやや持ち直すものの、「理系」は三年間を通じて漸増する。この結果、三年生においては両者の差が約一〇％に達することになる。

さらに、文章表現を課す入試を受けた経験の有無を観点に、二・三年生の内訳を見ると図2のようになる。「理系」で、かつ文章表現を課す入試を受験した経験が「無」というグループの値が他のグループに比べて二年間とも高い。また、「文系」の二つのグループは二年生においてはほとんど差がないが、三年生においては文章表現を課す入試の受験経験が「有」のグループの値が低くなり、他のグループとの間に差を生じている。

図2 「0」と回答した者の割合(2)

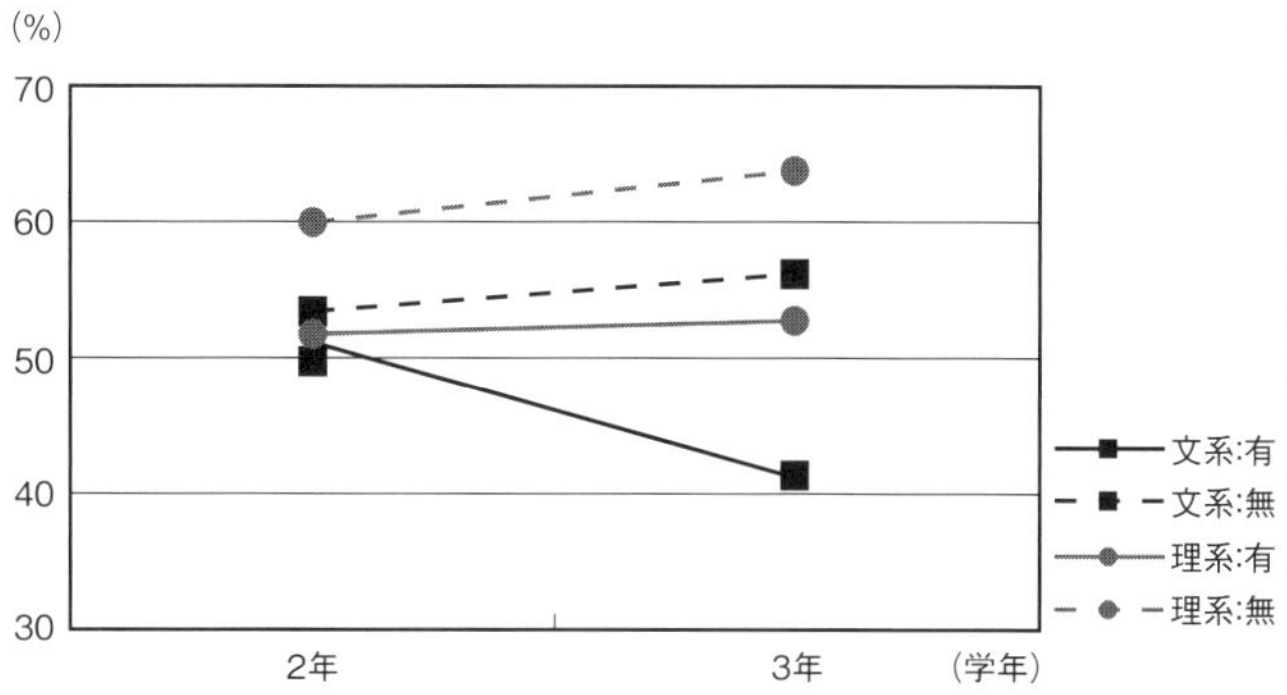

d 教科「国語」の授業以外に、まとまった分量の文章を書いた経験（内容）

この回答は具体的内容を自由に記述してもらった。その結果、他教科（社会科、「総合的な学習の時間」など）で課されたレポートや部活動の成果報告、読書感想文、文芸創作などが散見される。ただし、書いた文章を添削してもらうなどの指導を受けた経験については、全体の約三分の二の学生が〇回または一回と答えている。

また、二一一名の回答に「小論文模試」「入試対策」など大学入試の準備として文章表現の学習に取り組んだと判断できる記述が見られた。典型的なのは「学校で受けた小論文模試で数回書いた」のような例である。

こうした記述は「国語」の授業における経験を「〇回」と回答した一四七名の回答のうち九九名の回答にも確認できる。

この結果を、実際に文章表現を課す入試を受けた経験の

図3　文章表現入試の対策と受験の有無

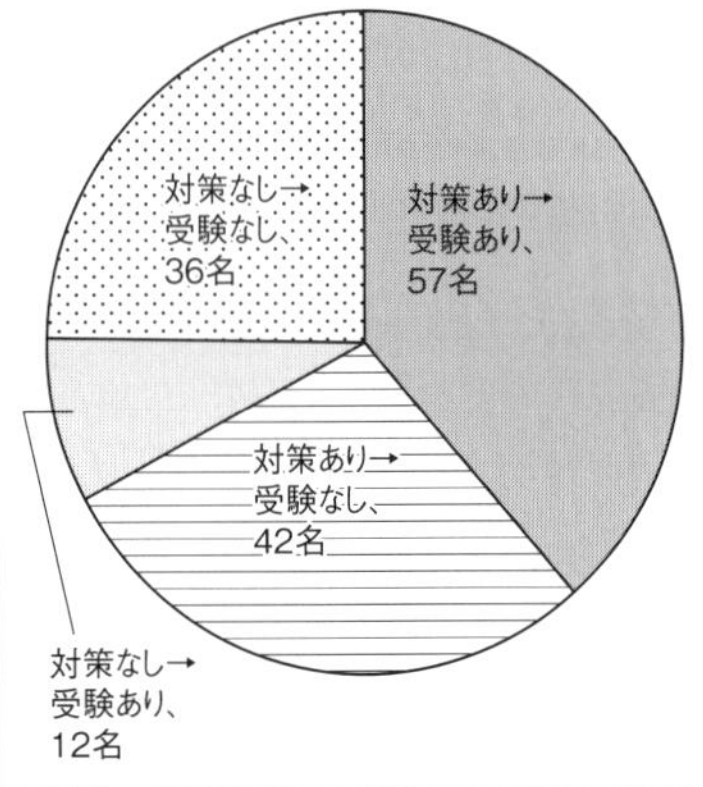

有無と重ねてみると上の図3のようになる。

「国語」の授業ではまとまった分量の文章を書かず、入試対策として文章表現を学んだという九九名のうち、五七名は実際に文章表現を課す入試を受験している。一方、そうした入試対策をも経験せず、文章表現を課す入試を受けた者は一二名と少ない。

また、文章表現を課す入試を受けなかった七八名のうちの四二名も、入試対策としての文章表現の学習に取り組んだ経験を有している。

（3）調査を通じて

今回の調査でも、高校「国語」の授業でまとまった分量の文章を書いた経験をもたないか、ほとんどもたないまま大学に進む者が少なからず存在することが確認された。

また、調査対象とした大学初年次生のうち文章表現を課す入試を経験したと回答した者が約半数に上っていたのは、思いのほか多いという印象を受けた。こうした入試が相当に広がり、浸透しているということを反映しているように思われる。

さらに、「国語」の授業ではまとまった分量の文章をまったく書かなかったという者の中にも、入試対策として「小論文」などの書き方を学んだという者が少なくないことが分かった。また、文章表現を実践的に学ぶ機会の多さには、文系・理系の別によってわずかに差があること、その差は三年生において拡大する傾向があることも窺われた。文章表現を課す入試を受ける者が文系の生徒により多いということと関連するものと思われる。

こうしてみると、母語としての日本語の運用能力を養うことを本義とする高校「国語」教育において、文章表現の学習が必ずしも十分に行われていないという状況の中で、文章表現を課す入試は、高校生にとって文章表現の学習の契機として働いている一面があるということが指摘できそうである。

3 高校「国語」における文章表現の位置づけ

(1) カリキュラム

新しい高等学校学習指導要領（平成二一〈二〇〇九〉年告示）が平成二五（二〇一三）年度の入学生から実施される。「国語」の各科目は次の図4のように再構成されることになる。

この改訂によって、「国語総合」が共通必履修科目として教科「国語」の目標を全面的に受ける科目となる。平成一一（一九九九）年告示の学習指導要領において「国語総合」と「国語表現Ⅰ」とは

図4　「国語」各科目の対応（数字は単位数、下線は選択必履修、二重下線は必履習）

平成11年告示		平成21年告示
国語総合　（4）	→	国語総合　（4）
国語表現Ⅰ　（2）	→	国語表現　（3）
国語表現Ⅱ　（2）	→	
現代文　（4）	→	現代文A　（2） 現代文B　（2）
古典講読　（2）	→	古典A　（2）
古典　（4）	→	古典B　（2）

選択必履修であったが、実際には、普通科高校では「国語総合」が選択される場合が圧倒的に多かった。

たとえば、平成二二（二〇一〇）年度における「国語総合」「国語表現Ⅰ」の二つの科目の教科書採択状況を見ると、「国語総合」の約一二九万部に対して「国語表現Ⅰ」は約二七万部にとどまっている。この学習指導要領下ではこうした状況が当初から継続している。全日制普通科設置校一九八一校のうち「国語総合」の開設率は全国で九六・七％に達しているという調査結果もある。[3]

「国語総合」が、現代文から古典までを教材として、話す・聞く、書く、読むことを総合的に学ぶのに対して、「国語表現Ⅰ」は「表現」することに重点を置く科目である。「読むこと」に関する指導事項をもたず、古典も「関連的」に扱うにとどまるこの科目のみの履修では、センター試験を課す大学入試に対応することは難しい。よって大学進学を主要な進路の一つとする高校では、ほぼ例外なく必履修科目として「国語総合」が選択されてきた。

一般的には、その「国語総合」の四単位に加えて「現代文」（四単位）「古典」（四単位）「古典講読」（二単位）の各選択科目を組み合わせて教育課程を編成する場合が多く見られたが、学校によっては一年次の「国語総合」に加えて「国語表現Ⅰ」や「国語表現Ⅱ」（二単位）を高学年に配置したケースもあった。

こうしたカリキュラムの中で、文章表現はいかに学ばれたのか、改訂前の「国語総合」「国語表現Ⅰ・Ⅱ」の指導事項や検定教科書の内容を概観してみよう。

(2)「国語総合」のこれまで

平成一一（一九九九）年告示の学習指導要領は、「国語総合」における「書くこと」の指導内容を次のように規定していた。

ア　相手や目的に応じて題材を選び、効果的な表現を考えて書くこと。
イ　論理的な構成を工夫して、自分の考えを文章にまとめること。
ウ　優れた表現に接してその条件を考え、自分の表現に役立てること。

そして、これらの内容の学習は「例えば次のような言語活動を通して行う」ようにすることが求められている。

ア　題材を選んで考えをまとめ、書く順序を工夫して説明や意見などを書くこと。
イ　相手や目的に応じて適切な語句を用い、手紙や通知などを書くこと。
ウ　本を読んでその紹介を書いたり、課題について収集した情報を整理して記録や報告などを書いたりすること。

これらの指導事項が、教科書においてどのように具体化されているのか見てみよう。

「国語総合」の教科書には、右のア〜ウのような「言語活動例」が必ずどこかに掲載されているが、その位置づけはさまざまであった。すなわち、一つ一つの「言語活動例」を、関連する単元の直後に配置して他の教材と有機的にはたらくようにしたものもあれば、すべての「言語活動例」を一括して巻末などにまとめて配置したものもある。進学校でよく使われる傾向にあったのは「言語活動例」をまとめて配置した教科書である。現在、各出版社は難易度別に数種類の教科書を刊行しているが、難易度が高い進学校向けのシリーズについては「言語活動例」をまとめて配置した教科書の市場占有率が高い（平成二一年度の採択では七七・四％）。逆に、難易度の低いシリーズでは「言語活動例」を単元末や教材間に位置づけるタイプの教科書の市場占有率が高くなっている（六〇・三％）。

「言語活動例」を巻末などにまとめるのは、いいいい必要に応じて参照することを想定した扱いのようにも見える。「言語活動例」の扱いが採択に大きく影響するわけではないだろうが、進学校では「読解」

を重視して難易度の高い文章を多く収録し、「書くこと」には相対的に重点を置いていない教科書が、より求められる傾向にあるのかもしれない。そうだとすると、「読解」に偏ってきた大学入試や、それに対応しようとする高校「国語」の学習の在り方は、教科書の編集や採択にも影響を及ぼしていることにもなりそうである。

もちろん教科書では、「言語活動例」以外の場所、たとえば評論や文学作品を中心とした単元の中に、文章表現の学習を指示しているところもある。

いくつか実例を見てみよう。X社の教科書三点（平成二三年度使用）について、各教材に付された学習の手引きから、まとまった分量の文章を書く学習課題がどれくらい用意されているか、また、どのような内容を書くようになっているか、特に「論理的な構成を工夫して、自分の考えを文章にまとめること」をどのように扱っているか、調べてみる。

教科書①（進学校向け。採択部数約五万部。市場占有率約四％）

・この小説の結びの部分から、どのような印象を受けたか。四〇〇字程度にまとめてみよう。
（小説「羅生門」）

・好きな歌二首を選んで……感想をそれぞれ四〇〇字程度でまとめてみよう。（詩・短歌・俳句）

教科書全体でこの二箇所のみである。そして二箇所ともいわゆる「感想文」を書くことを求めており、根拠を挙げながら筋道を立てて「自分の考え」を述べるような学習課題を見出すことはできない。

ただし、この教科書は「言語活動例」を他の教材と関連づけて展開するタイプであり、自分の考えをまとめ、順序を工夫して書くという活動が、評論文と組み合わせて教材化されている。

教科書②（進学校向け。採択部数約五万部。市場占有率約四％）

・……顔を科学の対象とすることについて、自分の考えを文章にまとめてみよう。

（評論「メディアとしての顔」）

・この小説の結びの部分から、どのような印象を受けたか、四〇〇字程度にまとめてみよう。

（小説「羅生門」）

・この作品を読んで、感じたこと考えたことを、八〇〇字程度にまとめてみよう。

（小説「高瀬舟」）

・好きな歌を二首選んで、……感想をそれぞれ四〇〇字程度でまとめてみよう。（短歌）

以上の四箇所が見出せる。このうち三つは「感想文」であり、論理的な構成を工夫して「自分の考え」を述べる学習課題とはっきり言えそうなのは一つだけである。このほか、①と同様、自分の考えをまとめ、順序を工夫して書く「言語活動例」が、評論文と組み合わせて教材化されている。

教科書③（中堅校向け。採択部数約七万部。市場占有率約六％）

・これまで学習したほかの小説と比べて、「羅生門」の特色を六〇〇字程度にまとめてみよう。

（小説「羅生門」）

一箇所だけであるが、一種の「報告文」を書くことを求めており、筋道を立てて「自分の考え」を述べる学習になっている。また、これ以外にも「言語活動」を一つの単元として独立させ、考えの述べ方について学習させようとする教材が収載されている。

相対的に難易度の低い、中堅校向けの教科書にこうした編集の工夫が見られる一方で、進学校向けの、難易度の高い教科書では「書くこと」の学習、特に、筋道を立てて「自分の考え」を述べる学習の扱いは、充実しているとは言いがたい。

次に、同様の観点から、シェアの最も大きなY・Z社の二点の教科書を見てみよう。どちらも「言語活動例」を一箇所にまとめて提示しているタイプである。

教科書④（Y社。採択部数約一四万部。市場占有率約一一％）

・……経験を、四百字程度でまとめてみよう。（評論「独創を生む条件」）

・これからの高校生活を……していきたいか、四百字程度でまとめてみよう

（評論「知的創造のヒント」）

・……八百字程度の感想文を書いてみよう（小説「羅生門」）
・……その気持ちを四百字程度の文章に書いてみよう（短歌）
・……感想を四百字程度でまとめてみよう（俳句）
・……そのときの心境を千字程度の文章で書き表してみよう（小説「城の崎にて」）

文学的文章を読んで感想を書くという課題が充実している。一方、筋道を立てて「自分の考え」を述べる学習への誘いは見られない。最初の二つの指示も経験や抱負を述べることを求めており「論理的な構成」を特に意識したものではないだろう。

教科書⑤（Z社。採択部数約一四万部。市場占有率約一一％）

・……「幸福」というものについて考えたことを、六百字程度の文章にまとめてみよう。（評論「おカネでは買えぬもの」）
・……この文章を読んで考えたことを、六百字程度の文章にまとめてみよう。（評論「自己基準と他者基準」）

こちらは「考えたこと」を述べる課題が二箇所ある。ただ、「論理的な構成を工夫して、自分の考えを文章にまとめること」がどれほど意識されているのかは判然としない。指示の文言からはむしろ、教材の内容に関連して自分の考えをもつことに重きが置かれているようにも見える。このほか、まとまった分量の感想を書かせる課題は見られない。短歌・俳句の教材にそれぞれ二〇〇字程度で感想を書かせる課題がある。

以上のように、比較的シェアの大きな教科書を何冊か調べてみると、「言語活動例」の扱いと同様、文章表現に関する学習課題の設定も実にさまざまであることが分かる。④の教科書など、まとまった分量の文章を書く機会を六箇所も用意する充実ぶりである。にもかかわらず、「国語」の授業では「一度も書かなかった」と主張する大学初年次生が相当存在する。両者を考え合わせると、学習の手引きが用意する「書くこと」の課題は、実際の授業ですべてが扱われるわけではないことがはっきりする。巻末などに一括して掲載された「言語活動例」がどのように扱われているのかも容易に想像がつくように思われる。

また、「自分の考え」を書くに当たって「論理的な構成を工夫」することに関して、学習の手引きのレベルでは具体的な指示が見られない点は、ここで見たいくつかの教科書に共通して指摘し得る。学習指導要領の「内容の取扱い」には、「書くことを主とする指導には三〇単位時間程度を配当するものと」するという一項があり、教科書もこれを受けて右のような学習課題を用意している。まとまった文章を書くことだけが「書くこと」の学習ではないとはいえ、大学に入学する学生の文章表現の経験はもっと多くてよいはずなのであるが……。

（3）「国語表現Ⅰ・Ⅱ」のこれまで

平成一一（一九九九）年告示の学習指導要領が示す「国語表現Ⅰ」の指導内容は、

ア　自分の考えをもって論理的に意見を述べたり、相手の考えを尊重して話し合ったりすること。

イ　情報を収集、整理し、正確かつ簡潔に伝える文章にまとめること。

のように、「話すこと・聞くこと」及び「書くこと」領域を中心に構成されており、「読むこと」についての事項をもたなかった。そのため、普通科の高校で必履修科目として選択されるケースは少なく、特に進学を主要な進路と考える高校においては必履修科目としての履修はほとんどなかったといってよい。

一方、「国語表現Ⅱ」（二単位）は選択科目であり、「国語表現Ⅰ」と同じ内容について習熟を目指すものである。平成二三（二〇一一）年度使用の教科書は六社が出版しており、採択部数は全体で約八万五千部。「国語表現Ⅰ」の約二六万部に対してさらに少なくなっている。同じ選択科目でも、一二〇万部が採択される「現代文」や七八万部が採択される「古典」に比べて存在感が薄い印象は否めない。

しかし、「国語表現」の教科書には、「国語」の全科目の中で唯一「小論文」という名称の単元があるという特徴があった。六社のうち採択上位四社が発行する「国語表現Ⅱ」の教科書中には「小論文」と題する単元が設けられていたのである。

大学入試「小論文」に典型的に見られるように、「小論文」は「課されて」書くという点に本質があると考えられる。一般に「小論文」とは、一定の条件の下で「与えられた課題」について論じる意見文である。独自の問題意識に基づいて主体的に主張が述べられた文章を「小論文」と呼ぶことはないだろう。

「小論文」と題されたそれらの単元は、名称だけでなく内容も「与えられた課題」に応じた文章の書き方の学習になっている。「国語」の教科書において、意見の述べ方を学ぶ単元が、一定の条件の下で「与えられた課題」に対応して書く文章の学習として具体化されていることに、もはや違和感をもつ者は少ないのだろう。そのような教科書がいくつもあるという事実を改めて指摘しておきたい。

「国語総合」を履修した後の高学年に、「国語表現Ⅱ」を選択科目として配置する高校が存在するのは、「与えられた課題」に応じた文章の典型としての「小論文」を授業で取り上げたいという事情もあってのことと思われる。

（４）高大双方で取り組むべき課題

文章を書く学習、特に「論理的な構成を工夫して、自分の考えを文章にまとめる」学習は、「国語総合」に「現代文」「古典」を加える進学校に典型的な科目の組み合わせの中では、十分に取り組まれているとは言いがたい状況にある。

一方で、大学進学者の中には「小論文」などの入試対策として文章表現を学んだ経験をもつ者が多い。そのような「小論文」の学習は、教育系の出版社などによって提供される「小論文模試」やその事前・事後学習などによって行われることが多い。また「国語表現Ⅰ・Ⅱ」の教科書にも「小論文」を扱う単元があるものがある。

考えを述べる文章を書く、すなわち「論理的な構成を工夫して、自分の考えを文章にまとめる」学習が、大学入試「小論文」への対応に矮小化されることは、文章表現を課す入試の受験を予定しない学習者の意欲を削いでしまうことになりかねない。

高校・大学の双方が、「論理的な構成を工夫して、自分の考えを文章にまとめる」力を重要なものと認めるならば、双方が共通の問題意識をもって現状の改善に取り組まねばならない。新しい学習指導要領（平成二一〈二〇〇九〉年度告示）下の「国語」において、筋道を立てて自分の考えを述べる学習が、より積極的に取り組まれなければならないのはもちろんであるが、そのためには、そうした学習の実態を踏まえつつ、そこで養われた力を適切に評価し、育成するための工夫が、大学入試をはじめとする「高大接続」の場面においてもいっそう求められることになろう。

注

（1）ここでは、たとえば意見文、論説文など、自らの主張を、根拠を示しながら、筋道を立てて述べる文章を指す。

（2）倉元直樹・森田康夫「高校と大学をつなぐ入試問題設計のための開発研究」（『大学入試研究ジャーナル』14、二〇〇四年、三一 - 三六頁）

（3）山村滋・荒牧草平「普通科高校における科目の開設状況―6教科に関する地方的差異―」（『中等教育の多様化に柔軟に対応できる高大接続のための新しい大学入試に関する実地研究　平成16年度中間報告〈日本学術振興会科学研究費補助金基盤研究（A）（1）15203031、研究代表者白川友紀〉』二〇〇五年、一 - 一二頁）

第二節　大学入試「小論文」の一〇年――出題傾向の移り変わり

1　「小論文」とは何か

「小論文」とは何か、その具体的な内容は必ずしもはっきりしていない。『広辞苑』（第六版）には項目も立てられていない。国語辞典最大の『日本国語大辞典』（第二版）には項目は立てられているものの、その語義は「小規模の論文」とあるに過ぎない。添えられた用例は自分の論文をへりくだって言ったものである。また、国語教育学の領域においてもその定義は明確ではなく、代表的な用語辞典にも「小論文」の項目自体がないものが多い[1]。

石川巧氏によれば[2]、「小論文」という名の受験科目が現れるのは昭和三〇年代後半であるらしい。また「小論文」という語を文部省が正式に使い始めるのは昭和四五（一九七〇）年であったという。この時も、またそれ以降も、大学入試における「小論文」が明確に定義されたことはおそらくない。

実態としては、「戦後から高度経済成長期にかけての大学入試においては、作文と小論文が明確に区別されず、曖昧なまま併用されていたことになる」という石川氏の説明が妥当であると思われる。

「小論文」という語は、現在、文部科学省が毎年公表する「大学入学者選抜実施要項」にも頻繁に現れる。平成二三（二〇一一）年度版では八箇所に使われている。たとえば、一般入試の方法について「調査書の内容、学力検査、小論文・面接その他の能力・適性等に関する検査の成績、その他大学が適当と認める資料」によって行う、のように現れるのであるが、ここでいう「小論文」がどのようなものを指すのか、その定義は明らかにされていない。

「小論文」という語は、大学入試以外の場でも使われることがあるが、大学入試問題のように、内容や文字数などに指定された一定の条件下で、意見や主張など自分の考えを述べる文章を指す場合が多いようである。そしてその本質は、「課されて」書くという点にあると言える。

このように「小論文」という語は昭和三〇年代後半以降、大学入試の科目名として定着しはじめた後、明確な定義のないままに今日に至っている。実際の入試では「小論文」という科目名で、多様な内容の試験が行われており、中にはほとんど文章を書かせないような出題もあるのだが、一般的には、一定の条件下で、意見や主張など自分の考えを述べるというタイプの出題が想起されるだろう。

ところが近年、ある大学の「小論文」の設問文に次のような「注意書き」が現れた。

……その要因を六〇〇字以内でまとめなさい。あなたの考えを尋ねているのではありません。文

章からわかることのみを書くこと。（平成二二年度N大学、傍線筆者）

このような「注意書き」は、どのような背景から生まれているのだろうか。わざわざ「あなたの考えを尋ねているのではありません」と念を押すぐらいであるから、尋ねられていない「自分の考え」を解答してしまう受験生が無視できないほど存在する、あるいは増えてきたのだろう、と推測される。実は、近年、同様の注意書きが付記される設問の例は、他大学の入試問題にも散見されるのである。

右の問題の場合は、「評価基準」もきちんと公表されており、「出題意図の的確な把握・論理性・関心の高さなどを総合的に評価します」とあって、文章を正確に読み解き、必要な情報を抽出、整理し、再構築する論理性などが求められている。そして、文章の内容について「自分の考え」を述べることは求められていない。

受験生が、尋ねられていない「自分の考え」を答えようと考えるのは、彼らの間に「小論文」とは課題文の内容に関連して何らかの「自分の考え」を述べるものだという認識が広まっていることを窺わせる。右の問題があえて「あなたの考えを尋ねているのではありません」と述べるのは、解答に際しての注意の喚起であると同時に、受験生にそのような認識を広めている「小論文」学習の在り方に対する一つのメッセージのようにも思われる。

近年、「小論文」を出題する大学と、「小論文」を指導する高校とでは、「小論文」に対する考え方に「ずれ」が生じているのではないか。その「ずれ」とは具体的にはどのようなものか、その「ずれ」ゆえに「小論文」入試に何が起こっているのか。ここではそのことについて考えていくことにする。

2 「小論文」の学習

(1) 高等学校における取り組み

近年の高校における「小論文」指導は、低学年では文章力・表現力の育成と進路指導とを二つの柱として、高学年では入試対策を主目的として行われることが多いようである。低学年では「総合的な学習の時間」やＬＨＲの時間がそのために当てられるため、担当教科にかかわらず担任の教員が直接の指導に関与する割合も高い。そこでの指導に戸惑う教員も少なくなく、「小論文模試」や「小論文講座」など教育系の出版社などが開発する使いやすい補助教材の需要が高まる所以である。そして三年生になると専ら入試対策の側面が強まり、国語科教員の負担が増えていく。

こうした状況への対応に、各校は工夫を迫られることになる。教員向けの進学情報誌には「小論文」の指導実践例が取り上げられることもしばしばである。最近の記事を引用してみよう。

たとえば、「国語科による指導から全校体制へ」[3]。低学年時には国語科教員による基礎的な文章の書き方の指導を中心とし、高学年ではテーマごとに各教科担当教員の支援を得て指導を行うという実践である。プロセスの中で生徒の進路意識を育てることにつながることが期待され、こうした指導体制を取る高校は増える傾向にあるという。

ここで見落とせないのは「『小論文』の題材は多岐にわたるので、国語科の教員だけでは対処できず、他教科の教員が関与することでより適切に指導できる」と考えられている点である。その根底には、題材として扱われる専門的な内容について的確に理解し、それに対する適切な「意見」をもつことが、入試対策として重要であるという考えがあるように思われる。

このように「小論文」の指導を通して、文章力・表現力を強化するとともに、志望する領域への関心を深め、その領域に関連する知識を身につけさせるために、国語科のみならず全校を挙げてこれに取り組む、という流れが広がりつつある。

(2) 「小論文」入試への対策

対象への理解を深め、対象について自分の意見をもち、筋道を立ててそれを表現する力を養うという学習の過程はそれとして価値のあるものだろう。

ただし、その過程が入試対策のドリルとして設定されたとき、学習者は対象への理解が十分深まらないままに意見を述べることを強いられるという弊害も出てくる。また、想定されるテーマや課題に対して一通りの解答を準備して、それを覚えてしまおうといった安易な対策も出てくるだろう。

「小論文」入試の対策として高校が一括導入する補助教材は、ドリルやワークブック形式のものが大半である。「看護・福祉・医療」のように特定の分野に特化し、「リハビリテーションの意義」「福祉におけるユニバーサルデザインの役割」「高齢者福祉のあり方」「医療事故を防ぐための心構え」のような一連のテーマで論述させ、添削する、というパッケージ商品もある。また「志望系統に合わせた入試対策に最適」と謳う「分野別小論文」のワークブック類もよく使われているようである。

出題が予想されるテーマについて「自分の考え」を整理しておくことには意味もあろうが、それは領域への関心が十分に深まっていることや、論理的に思考・表現する習慣が身についていることが前提となろう。「適切な答え」だけが準備されるのは、やはり行き過ぎた対策と言わざるを得ない。

そのような入試対策が入学者選抜の精度に影響を及ぼしていると大学が考えたとき、「小論文」入試はその形式や方法を変化させていかざるを得なくなるだろう。

（3）「小論文」入試問題の分析

ア　問題のありか　――「意見」から「要約」へ――

高校における「小論文」は、進路指導と結びついた学習材として活用される事例が増えている。その一方で、入試対策として、志望領域に関するさまざまなテーマの文章を読み、意見を述べる練習が繰り返される実態もある。

そうした背景の中で、「小論文」の出題形式に変化が起きているという指摘がある。(4)

ますますテーマの理解や課題文の問いの意味を受け止める力が求められています。…（中略）…意見や主張を書かせるウエイトが後退しているとさえ言えます。

（「2010年度・小論文入試対策」）

意見を書くウエートが低下…（中略）…課題文の多くで取り上げられる社会問題がリアルかつ解決困難なものばかりで、受験生が意見を展開するレベルではなくなったという面もある。

（「2011年度・小論文入試直前対策」）

意見や主張を書かせることのウエイトが低下する傾向にあるという指摘が二年続けてなされている。そして同じ記事で、全体や部分の「要約」や、課題文が理解できているかどうかを尋ねる問いの増加が指摘されている。もしそうならば、「あなたの考えを尋ねているのではありません」という問題文に象徴されるような出題傾向の変化である。増加傾向にあるという「要約」は、文章を読解する力と、読み取った内容を再構成する論的思考・表現力を合わせて養うために有効な手段として、国語科では重要な学習活動の一つと位置づけられている。

かつて、「小論文」入試の実施者は、「小論文」の測定目標とされる資質のうち「興味・関心」「文章表現力」「論理的思考力」「自己表現力」の四つは測定可能性が高いと評価していることが、大学入試センターの研究によって明らかにされた。また、「理解力」「読解力」「思考の柔軟性」「発想力」などは、ある程度測定可能な資質であると評価していることが指摘された。[5]

それから一〇年の月日を経て、「小論文」の測定目標は「文章表現力」「論理的思考力」「理解力」「読解力」へと重心を移し、「興味・関心」「自己表現力」「思考の柔軟性」「発想力」などは、次第にその視野から外れていったということなのだろうか。

イ　検証

a　方法・手順

ここでは、大学入試「小論文」の問題を分析の対象とし、一定期間における出題傾向の変遷をたどることで、上の問いに答えようとする。ただ、「小論文」入試問題の実物を網羅的に収集するのは至難であり、ここでは一〇年分の問題を収集・整理した『2010年度大学入試小論文問題集』(河合出版)所収のデータを利用することにする。

本書には、過去一〇年分（二〇〇一―二〇一〇年度）、四七八大学の入試「小論文」の問題が、学部系統別に一三、五七三件のデータとして収められている。さらに個々の問題は、出題形式によって次の九つの型に分類されている(6)。

1　課題文読解型Ⅰ：日本語の課題文を主たる資料として、あるテーマについて見解を述べることだけが求められる問題。

2　課題文読解型Ⅱ：日本語の課題文を主たる資料として、要約・説明を求める設問が含まれている問題。

3　図表分析型：図表を主たる資料として、それを読み取ったり、それに基づいた見解を述べたりする問題。

4　テーマ型：資料がなく、テーマに対して見解や感想を述べる問題。

5　英文問題：英文を主たる資料として、英文読解力が不可欠となる問題。

6　理科論述型：理数の教科知識と、分析能力や発想力が求められる問題。

7　図版問題：図版を主たる知識として、その解釈や鑑賞などを求める問題。

8　教科論述型：教科知識で解答可能であり、答えが一義的に定まる問題。

9　その他：VTRや音楽などの特殊な資料を用いる問題や、実技などの問題。

表1　年度別データ数

2001年度	1603
2002年度	1618
2003年度	1579
2004年度	1576
2005年度	1423
2006年度	1161
2007年度	1081
2008年度	1230
2009年度	1175
2010年度	1127

表2　類型別データ数

分類型	データ数	比率(%)
課題文読解型Ⅰ	2407	17.7
課題文読解型Ⅱ	3146	23.2
図表分析型	1137	8.4
テーマ型	1700	12.5
英文問題	1564	11.5
理科論述型	1454	10.7
図版問題	176	1.3
教科論述型	1753	12.9
その他	236	1.7
合計	13573	100

課題文の「要約」を求める問いを含む問題や、課題文に対する「意見」をいっさい尋ねない問題はいずれも「2　課題文読解型Ⅱ」に分類される。

このデータからは、学部系統別、問題の類型別に、過去一〇年間における出題数の推移をたどることが可能である。これをもとに小論文の出題傾向の変遷について考える。

年度ごとのデータ数を表1に、全データの類型別数を表2に示しておく。

b　結果の分析

次の図5に示したのは、各類型のうち「課題文読解型Ⅰ」「課題文読解型Ⅱ」「図表分析型」「テーマ型」の四つの類型の比率の推移である。

「課題文読解型Ⅰ・Ⅱ」「図表分析型」は資料として日本語の課題文あるいは図表を与えられ、それについて論述するタイプ、「テーマ型」は原則として資料がなく、

図5　類型別比率の10年間の推移(1)

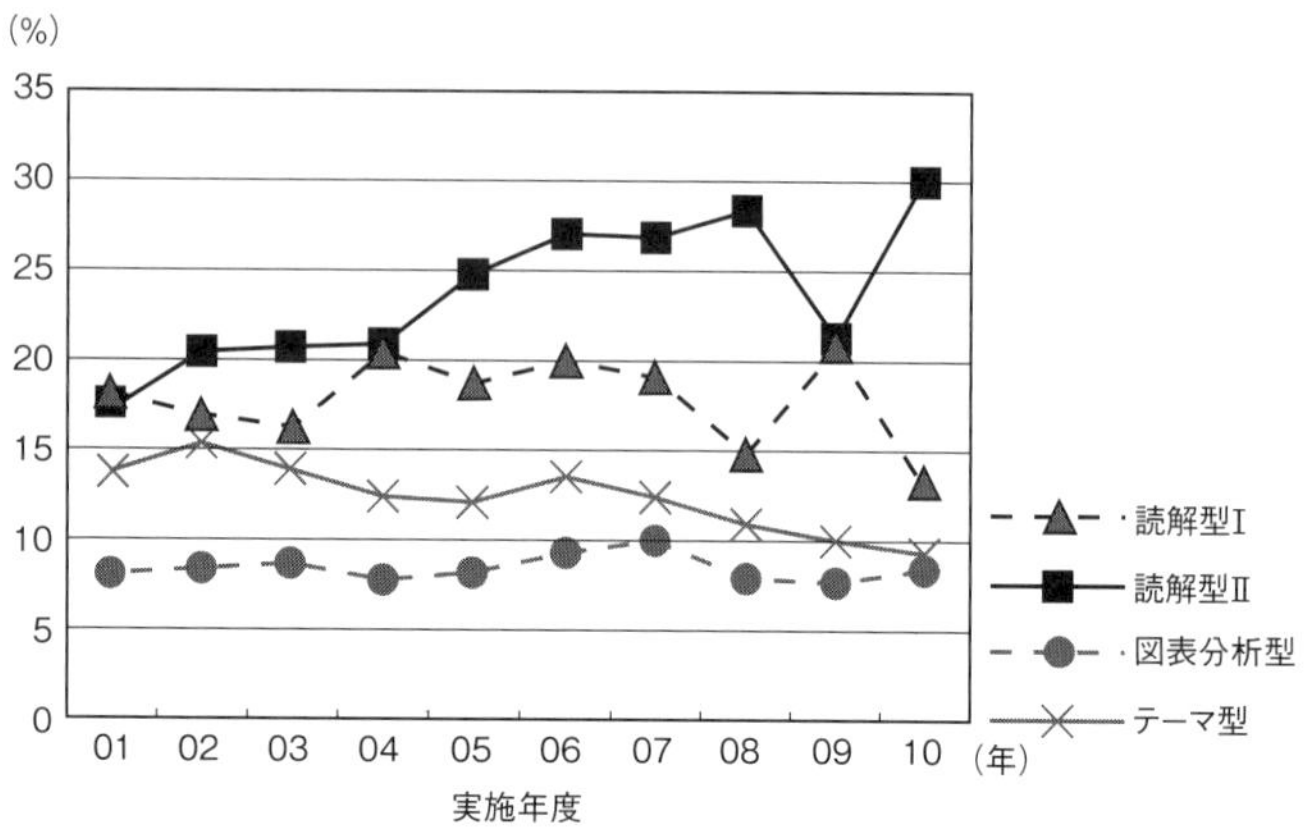

あるテーマに対する論述を行うタイプである。「小論文」の問題としては英語や理数教科の知識等を直接求めない点で標準的といえる。この四つの類型で全体の六一・八%を占めている。

これらの類型について一〇年間の推移を見ると、まず、課題文の要約・説明を求める設問を含むタイプの「課題文読解型Ⅱ」の増加が指摘できる。〇一年度に一七・六%だった比率が徐々に増え、一〇年度には三〇・一%に達している[7]。

これに対して、課題文に関連して見解を述べることだけを求める「課題文読解型Ⅰ」は徐々に減っている。〇一年度に一八・一%だった比率は一〇年度には一三・三%にまで減じた。

資料を利用せず、テーマに対して見解や感想を述べる「テーマ型」も、要約・説明を伴わない点では「課題文読解型Ⅰ」と共通する。この「テーマ型」も、〇

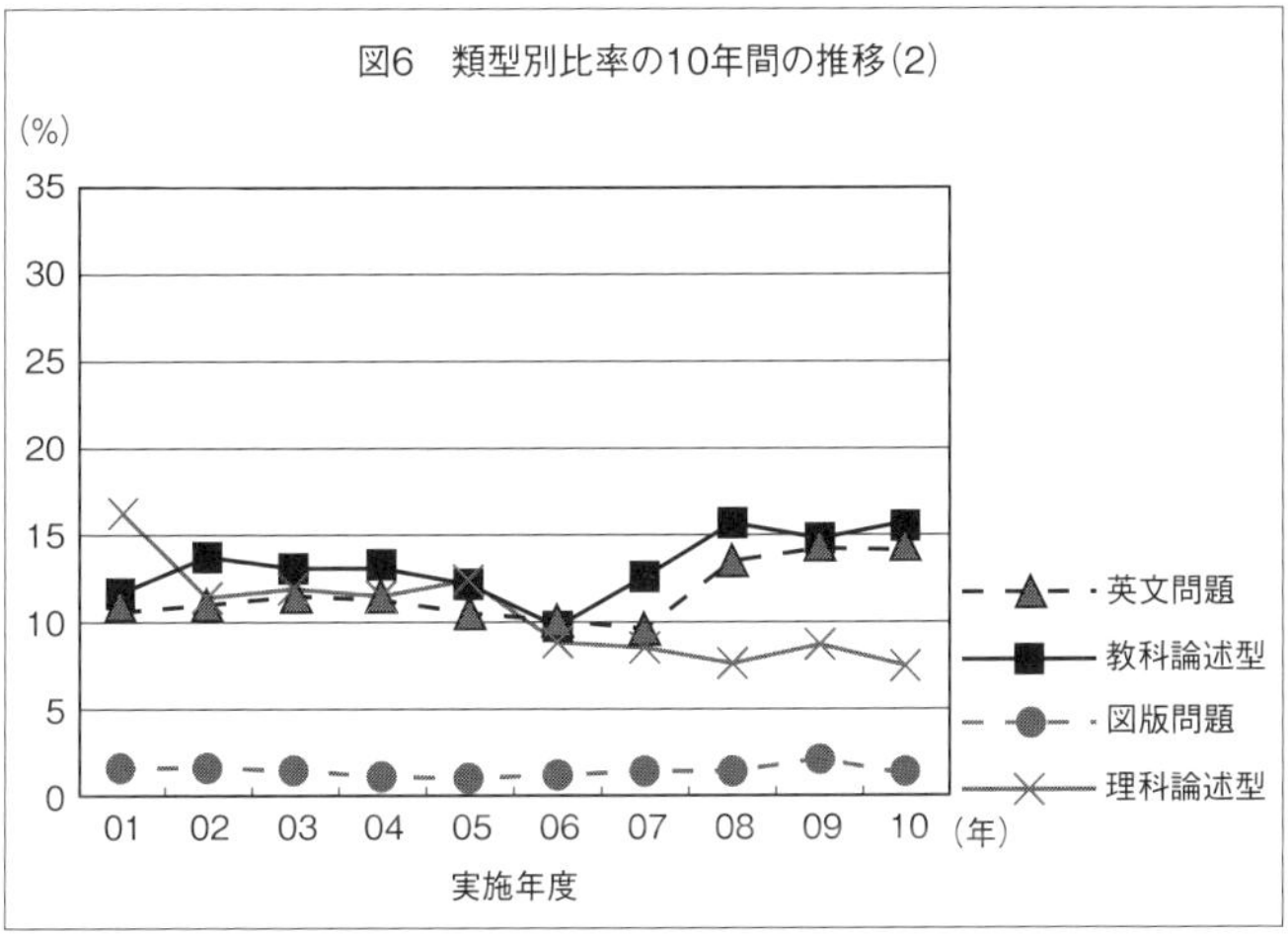

一年度一三・九%から一〇年度九・六%と比率を下げている。〇一年度には「課題文読解型I」と「テーマ型」とで全体の三二・〇%を占めていたが、一〇年度には二二・九%にまで減少したことになる。これは「課題文読解型II」単独の数値を下回っている。

以上の事実は、意見や主張を書かせることのウエイトが低下する一方で、「要約」など課題文の理解度を確かめる設問が増加する傾向にある、という進学情報誌の指摘を裏付けているといってよいだろう。

図6に示したのは、残る四つの類型「英文問題」「教科論述型」「理科論述型」「図版問題」の、全体における比率の推移を示したものである。

大きな変化は見られないが、「英文問題」「教科論述型」という、英語や数学・物理など教科の学力を直接問うようなタイプの問題の比率が足並みをそろえてわずかに高まっている。その一方で、理数の教科知識を前提として分析能力や発想力を求める「理科論述型」の比率は下がっているように見える。理数教科の学力に関しては、知識を前提として論述させるよりも、一義的に正解の決まるような問題が増えているのかもしれない。

（4）変わりゆく大学入試「小論文」

高校における「小論文」指導は、論理的思考力・表現力の育成と、進路学習とを結びつけた、教科を越えた取り組みとして定着しつつある。そうした形で行われる「小論文」の指導は、それとして意義の大きな学習であると認められる。

一方、入試対策として「小論文」が学ばれる場合も多い。「小論文」入試を、受験生の「興味・関心」や「学習意欲」「発想力」などを測るものと捉え、それを過度に意識した学習指導が行われる場合には、対象への理解が不十分なままに意見を述べることを繰り返したり、さまざまなテーマに一通りの解答を準備したりするような、学習の形骸化が起こる危険をはらんでいる。

そうした中で、大学入試における「小論文」は、この一〇年の間に「意見」を書かせることの比重が低下し、「要約」を含めて課題文の理解度を測ろうとする設問が増加する傾向にある。

このことは「興味・関心」「自己表現力」「思考の柔軟性」「発想力」などの測定目標に変わって、「文章表現力」「論理的思考力」「理解力」「読解力」に焦点が絞られてきたことを意味していると考えられよう。それはすなわち、「小論文」入試に向けた学習の形骸化が進行し、受験生の「興味・関心」や「発想力」などの測定が難しくなりつつあると考えた大学が、「論理的思考力」や「読解力」などへと測定目標を移行していったということでもあろう。「小論文」入試をめぐって大学と高校との間に生じたこのようなズレは、年々広まりつつあるようである。

注

（1）日本国語教育学会編『国語教育辞典』（朝倉書店、二〇〇一年）、国語教育研究所編『国語教育研究大辞典』（明治図書、一九九一年）には項目が立てられていない。日本国語教育学会編『国語教育総合辞典』（朝倉書店、二〇一一年）には「意見文・小論文」という項目が立てられているが、その解説本文中には「小論文」に言及する部分がまったくない。
（2）石川巧『「国語」入試の近現代史』（講談社、二〇〇八年）
（3）『学研・進学情報』（学研教育みらい、二〇一〇年四月号）
（4）『学研・進学情報』（学研教育みらい、二〇〇九年一〇月号、二〇一〇年一二月号）
（5）鈴木規夫他「ＡＯ入試で測定される資質は何か―小論文形式の課題によって測定される資質について―」（『平成12～14年度科学研究費補助金基盤研究（A）（1）12301014 高校と大学のアーティキュレーションに寄与する新しい大学入試についての実践的研究 平成12年度中間報告書』二〇〇〇年）
（6）各型の名称は出典の『２０１０年度大学入試小論文問題集』（河合出版、二〇一〇年）による。
（7）「課題文読解型Ⅰ・Ⅱ」の類型分けについて〇九年度のみは例年の基準と異なる部分が見られる。

第三節　「小論文模試」小史　――出版社二社へのインタビュー――

1　大学と高校の狭間で

文章表現を学ぶ機会が乏しいまま大学に進んだ学生の中にも、「小論文模試」やその事前学習などで文章表現に取り組んだという者は少なくない。今ではそれが高校生にとって文章を学ぶ数少ない機会となっている一面がある。現在、多くの高校が取り入れている「小論文模試」などの教材は、教育系の出版社などが開発し、学校が一括採用する形をとる場合が多い。

入試に「小論文」を課す大学が増え、その出題の内容は多様化した。その対応に苦慮する高校はこうした市販の教材を活用することで、入試への対応を図ってきた。大学の意図を探り、高校の要望を容れながら開発を進めるうちに、「小論文模試」は急成長を遂げたのである。

そもそもこの「小論文模試」とは、いつ、どのようにして生まれ、どのようにして広まったのだろうか。

それを明らかにするために、「小論文模試」を中心とする教材群を開発・販売する大手二社へのインタビューを行った。両社はもともとそれぞれに得意とする分野をもって発展を遂げた教育系出版社の老舗である。それぞれが独自に「小論文」教材の開発に取り組んできた経緯があり、現在では、「小論文模試」の学校採用に大きなシェアを占めている。

以下、そのインタビューの概略を示す。

2 A社へのインタビュー

――小論文教材をスタートさせた背景を教えてください。

大学入試科目としての「小論文」はかなり古くからありました。当社が小論文教材の開発に着手したころ、すでに何種類かの参考書が流通し、予備校でも「小論文」の指導はなされていましたが、規模はごく小さかったように思います。また、他に通信添削のものもあったようです。

当時は国語の先生方などが試行錯誤しつつ指導をされていたものの、教科・科目としての「小論文」もないわけですし、確立された指導法や添削方式もなく、先生方はみな苦労されていたようです。そんな中で、当社は模試形式の「小論文テスト」をスタートさせました。

――どのような特徴があったのですか？

当社の「小論文テスト」は一九八九年に初めて実施されました。模試にあわせた形式をとり、年間四回と時期で区切り、その時期にあわせて問題を変え、採用していただきました。学校の予定にあわせて受験の時期を選択していただくのですが、どの回を採用していただいても「書く力」がつくと、回数を変えて複数回受験すれば、より多くの問題に取り組むことができるという形式です。個人単位で希望して受験するのではなく、学校一括採用試験扱いのものとしては、当時ほかにはなかったのではないかと思います。

もともと当社は学校を対象として教科模試を扱っていました。学校現場をめぐって全国からさまざまな声があがってきますが、その中で「小論文にもテストがないだろうか」という声がしばしば聞かれるようになりました。しかも全国からです。これはひとつの時代のニーズではないかということで、スタートしました。先生方の多くのご要望に応えたものであり、事業として成り立つのではないかという見込みはありました。

当初は八〇〇字で書く「小論文テスト」一種類のみで、現在付録教材としてついているような事前学習テキストはありませんでした。事後に配布する受験生用資料として「答案を診断する　こうすればあなたの答案は格段とよくなる」という二色刷り八ページの小冊子が、添削答案とともに生徒に渡されていました。

現在に比べると、極めてシンプルな商品構成のテストだったのにもかかわらず、これが初年度よりヒット商品になりました。それだけ現場に潜在的な需要があったということだと思います。先生方にとっては、一番手間がかかる上に方法として未確立な「添削」をアウトソーシングできるところがポイントだったのだろうと分析しています。

個人を対象とした通信添削系や予備校系の指導とは異なり、高校の一括採用を対象とし、実施時間も授業時間に組み込めるようにするなど細かいところで配慮したことも、採用のしやすさにつながったのだと思います。このあたりは、高校に綿密な調査を行い、反映させたことがうまくいったケースです。添削が中心となることを重視し、なによりもいち早く添削指導方法や体制を構築し、定着化させたことで、添削内容の質の高さが保証されていました。そこをきちんと評価していただけたのだろうと思います。当時は高校の先生方が添削答案の朱筆のアドバイスを読んで生徒への指導法を学ぶという雰囲気さえあったと聞いています。

――添削体制はどのように整備されたのですか?

添削は教科ものの採点とはまた異なったスキルが必要とされます。添削者個々人によって評価が大きくブレたり、アドバイス内容にムラや押しつけがましいところがあってはいけません。たとえ一行しか書かれていない答案であっても、構成の崩れた文章であっても、その生徒が書きたかったであろう意見、あるいは意見の前段階の思いのようなものを読み取り、それらを意見として効果的に書き表すにはどうすればよいのか、そのアドバイスを基に書き直せばよりよい答案になるような添削が求められます。

それゆえ、当初から個々の添削者に任せるのではなく、添削方法を理論化し、研修体制を整えました。添削指導員は選考試験を経て採用し、採用後も初期研修、個別指導、定例研修など、相当厳しい養成システムを整え、現在に至っています。マンツーマンの指導がベースになりますので、本当に大変ですが、こうしたシステムが当社の添削の質を担保していたことは明らかです。高校の先生方にもその点では高い評価をいただいていました。

――その後、どのように発展されたのでしょうか?

急成長を遂げる一方、「採用したいが八〇〇字では字数が多すぎて書けない」という高校からの声もありました。そこで「小論文テスト」の開始から二年後の一九九一年、字数を六〇〇字にした「基礎小論文テスト」をスタートしました。これもいきなり初年度からヒットしました。しかも同時に

「小論文テスト」も順調に伸び続けました。

後発の「基礎小論文テスト」は、いわゆる上位校では低学年から採用することで基本的な書く力をつけて高学年での「小論文テスト」の採用につながっていきます。それ以外の学校では、書く力の状況に応じて全学年で採用することができました。つまりすべての高校において全学年で利用できる商品であったため、主力商品のひとつとなりました。

事前に読んで書きこみ作業をしておけば、課題文を読んでから答案を書き上げていくまでの流れが学習できるという色刷りの事前学習教材「書き方ノート」をつけたところ、好評でした。参考書などとは異なり、あえて薄い小冊子のワークブック形式にしたことが、生徒にとっても負担感がなく取り組みやすかったのだと思います。

一九九七年六月、中教審第二次答申「21世紀を展望した我が国の教育の在り方について」において、大学入学者選抜の改善の基本方向として「教科の枠にとらわれない総合問題や小論文などの出題を積極的に考えるべき」という方針が出されたことも、ますます追い風となりました。「小論文」の話をすれば、どこの高校でも興味をもって聞いてもらえるのです。

一九九九年からは、より幅広いニーズに応えようということで、「基礎小論文」「小論文」を基軸にテスト形式の小論文を拡大しました。「六〇〇字でも書くことが難しい」「もっと文章の基礎から学べる教材やテストはないだろうか」という高校現場の声に対応して、作文の基礎から学べる「入門作文小論文」を作りました。同時に、難関大学に対応した「アンカー小論文」（一〇〇〇字―一一〇〇字）も実施しました。大学受験の多様化が進み、小論文を入試に取り入れる大学も増えて、需要も多様化したということだと思います。

「小論文」関係のテストの拡大とともに、添削された答案のアドバイスを基に生徒が書き直し（リライト）をして、再度添削を受けるという二度添削の注文も特別対応として受けていたのですが、そうした要望がどんどん増えだしたところに商機を見出し、それも商品化しました。それが二〇〇三年よりスタートした「パノラマ添削」です。開始とともに特別な原稿用紙を作成し、意匠登録を行いました。原稿用紙を上下二段に分け、上段に初回の答案を書き赤字で添削、そのアドバイスを基に下段にリライトした答案を書き青字で添削、そして同じ添削者が添削することで、その生徒のどの部分がどのようによくなったのかという効果が一目で分かるような仕組みになっています。「小論文」「基礎小論文」などの添削が効果的に活かされる二度添削システムは、書く力を養うにはとてもいい教材となっています。

―― 近年の大学入試小論文の傾向をどのようにお考えですか、また今後の展望をお聞かせください。

当社は、毎年全国の国公私立大学からすべての入試問題を集めて目を通しています。毎年見ていくと、取り扱われる題材は現代の社会を何らかの形で反映したものであり、トレンドがあることが分かります。高校の先生方を対象とした小論文研究会を毎年全国各地で開いていますが、そこではそのような内容について話をしています。

何年も見ていると、大学入試「小論文」には変化があるように思えます。答案の画一化を嘆く大学入試担当者の声はしばしば聞かれますし、出題の内容を見ても、意見を書くことはあまり求めずに資料の正確な読み取りや的確な要約に主眼を置いた小論文を出題する大学がますます増えています。それらは高校の先生方のニーズにも影響を与えていきます。

高校では、まとまった文章を書く技術はあっても書くべき知識をもたない生徒をどうしたらいいのかという声や、要約だけをさせてアドバイスしてほしいといった声も聞かれます。小論文模試を始めた当初は、指定字数内で構成の整った文章を書くようにすることが主に求められていましたが、そのニーズは普遍的にある中でさらに、内容のある小論文を書くことができるようになるにはどうしたらいいのかといった、生徒の知識や思考力の養成方法としての小論文学習を求める声も増えてきたように思います。つまり、考えない・書けない生徒が増えているので、とにかくまとまった字数を書けるようにさせる小論文教材はないのかという声に象徴される層と、今、小論文で問われるテーマは何か、どのように考えを深めさせればいいのかという層と、二極化している様子が窺えます。

これらを総合すると、小論文学習市場はある意味「成熟期」を迎え、そろそろ次のフェーズにきているのではないかと感じられます。大学が今後どのような方向に向かうのかにはとても興味があります。

現在、ある一定の部数を採用していただける高校へは、講師を派遣して小論文のテストに講演会をつける特別対応も行っています。たとえば、テストに取り組む前に講演を聞く「テスト前講演」、テスト後の添削答案を基に、各学校の傾向を踏まえて指導する「事後講演」などです。こちらから派遣した講師が、学校の予定にあわせて授業時間や放課後を使って行います。その中で、ある傾向が出ています。「小論文」をなぜ勉強するのか……確かに否が応でも入試に必要なのだから理由をあえて問う必要はないと思われがちですが、もはや「入試に出るから」は、書けない層に対する学習のインセンティブとしては機能しなくなっています。最近では「大学でレポートを書くために必要となる」「社会に出てからも役立つ」といったことを動機づけとして取り入れていかないといけない。小論文の導入部分に当たる講演会は、そのような内容をリクエストされることが多くなっています。

書く力をつけることは、考える力をつけることであり、人に自分の考えを伝える力はますます重要になってきます。それは理系であっても文系であっても根本的には変わりません。入試の変化などに影響されないものです。確かに、入試という必要性に迫られて取り組む「小論文」学習かもしれませんが、他者に何かを伝えることを前提とした文章を書くことに正面から取り組む機会をもっておくことは、その生徒にとって決してマイナスにはなっていないと思います。そのことは、なかなか当事者の生徒にとっては目先の「書かされている」感が先にたち、分かりづらいと思いますが。入試を念頭に置きつつもそれを超えたところで書く力を段階的につけていくこと——そのような国語教育的な視点からも、今後は教材開発していくことを目指しています。

3　B社へのインタビュー

——小論文教材は、いつごろ、どのような形で、どのような経緯で生まれたのでしょうか？

始まりは、共通一次試験が始まった一九八〇年代初めのあたりだと思います。私どもは、その前から高校生対象、主要五教科の通信添削をやっておりましたが、共通一次試験のスタートとともに二次試験に小論文を課す大学が出てまいりましたので、その対策ということで、高校の先生からどうしたらいいのだろうか、何かないだろうかといった声が出たのだろうと思います。それで最初はサービスで、無料で作文の添削をするというところからスタートしたわけです。ある共通のテーマについて文章を書いてもらい、それを添削するという形式です。規模もごく小さく、希望者のみが対象でした。まだ小論文という言葉にもなじみがなく、論述力テストという名前で実施された大学もありました。

その後、マンツーマン小論文というような名前で、生徒さんが自由に選んだテーマで書いた文章を一回いくらで添削するというような形式で実施した時期もありました。これは学校単位で希望者を募っていただき、かなりの枚数を引き受けた記憶があります。主要五教科の通信添削の国語担当のものが添削を担当していました。まだノウハウもない時期で、大学の狙い自体もよく分かっていませんでしたし、とにかく高校のご要望に合わせていこうという状況でした。はじめのうちは本当に手探りでしたね。

――サービスで始めてみて、これは事業になりそうだという手応えはあったのでしょうか?

当初は主要五教科添削のオプションということで、希望者だけが追加で申し込む形のものでしたから、これが独立した事業として成立するというほどの感じではなかったですね。事業にしようにもノウハウもないし、添削スタッフもそろっていませんでした。ただ、添削の方法などについて大学の国語教育の先生に相談し、ご指導いただくうちに小論文指導の必要性のようなものを感じるようになりまして、テキストの作成にもご協力いただきました。そのようにして「小論文講座」という名前の、何回かセットの添削が付いた三冊シリーズのテキストができました。昭和六〇年ごろだったでしょうか。これがその後の小論文教材の原型になったわけです。

社内には、文字・表記や語句・語彙などの推敲ぐらいしかイメージがなかったのですが、ご指導をいただいて、ようやく文や段落、文章全体の論理構成にも目が向くようになりました。でもまだ実際の添削は、担当者個人の判断や裁量に任されるところも大きく、すぐに大きな事業になるとは思えませんでしたね。

（著者注：社史によると、一九八三〈昭和五八〉年、「通信添削を受講する生徒さんを対象に「小論文講座」を開講する」。）

――転機になったのはどのようなことでしょうか？

学校単位で使っていただけるようになって大きな変化が起きたと感じます。それまでは生徒さんがダイレクトメールを見て個人的に受講をしてくださっていたのですが、ある段階で高校の先生から一括採用の声がかかりました。最初は東京の私学ですね。首都圏の女子校など、大きな私学の先生から一括して使いたいというようなお話をいただきました。五教科の添削も個人単位での受講が主であった時代です。

その後、年一回では力がつかないということで、シリーズとして年間六回のセットで受講いただくという形ができあがってまいりました。学校の方でも一人一人の成績の伸びを見たいということから、次には「成績推移票」のようなものがほしいというようなお話も出てきました。それも最初は、非常にシンプルなもので各回の成績を打ち出しただけのものでした。

――当時はどのような内容の文章を書かせるものだったのでしょうか?

テーマ作文のようなものが多かったと思います。「私の自画像」とか「人間と環境」とか、一枚の写真を見て自由に論ずるというものもありました。大学の入試問題もそのようなものだったと思います。実際、入試問題を大学に請求すると、表紙もなくテーマのみが手書きされた紙が返送されてきたりしました。入学者の大部分は一般入試で選抜し、小論文による入試では発想力や想像力のある人を若干取るといった時代だったので、学校の先生方もことさら小論文の勉強はしなくてもいい、教えてできるものでもないと感じておられたと思います。

書かせた文章は、観点を定めて評価を行い、点数を付けて返していました。意見がはっきりしているか、段落構成は的確か、具体性があるかといった観点で、それなりに構造化した形で実施していたと思います。各回の課題は難易度の点でステップアップしていくのですが、そうすると思うように点数が伸びないので生徒の意欲に繋がらないといった問題もありましたね。

〈著者注:社史によると、一九八九〈平成元〉年、「通信教育部のもとで「小論文講座」のテキスト・添削問題の改善・拡充を図り、営業部が本格的な拡販活動を開始」。)

――事業が拡大した経緯を教えてください。

一気に採用が増えたのは「模試」を始めたあたりだと思います。講座の成績表を当時の営業担当者が見て、これなら「模試」として実施したらいいのではないかと。一九九〇年、試験的にやってみようということになりました。すでに主要五教科の方で「模試」を実施していましたので、小論文でも同じように、年に何回かという形で実施するスケジュールを組んで販売を開始しました。ちょうど推薦入試で小論文が必要だという生徒さんが増えて、特に短大に相当の進学希望があった時代だったので、女子校を中心に、私大や短大を目指す生徒さんのニーズとはうまく合ったのだろうと思います。

当初は、高校三年生を対象とした「模試」が主だったのですが、学校からは、直接入試を念頭に置いたものでなくていい、合格可能性とか大学ごとの傾向がどうとかそういうのは要らないから、一・二年生が文章力をつけられるような、もう少し簡単なテストをやってほしいといった声が出てきまして、一九九四年に「小論文トレーニング」というテストを開発しました。最初はテーマ型で一〇題ほどを用意し、自由に選んでもらうという形態でした。

一〇題のうちどの問題を選ぶかは、生徒さんの選択に任せる学校もあったし、学校が選択した場合もありました。たとえば、同じ問題を一斉にやらせて比較したいとか、進路と関わらせながら生徒に自由に選ばせたいとか、いろいろな形で学校からは採用していただきました。一年に一回でもいいし、数回でもいいと融通を利かせ、同じ学校の中で問一が何人、問二が何人といった注文にも柔軟に対応しました。

このような形で始まったものが、今、主力商品になっているわけです。今では全四〇題の中から選ぶ形になっています。三年間で徐々にステップアップできるようにしています。

「模試」から始まったものがずいぶん変質を遂げたとも言えます。一年生から始めようという学校がどんどん出てきた、受験対策だったものが一、二年生の学習の材料になったということは、意識の上でも変化があったのだと思います。基礎からの積み上げを目指そうということです。こちらには最終的にはやはり「模試」につなげようという狙いがありましたので、低学年でこういう練習をしておいて、最後に「模試」で仕上げてほしい、と。最初から「模試」はできないだろうということでスタートしましたが、それが思いのほか好評で、ありがたいことでした。

――添削を担当する方の研修はどのようになさるのでしょうか？

採用に当たっては試験を受けていただきます。合格される方は半分以下です。自宅での作業になりますので、教員免許をお持ちの主婦の方や、大学院生が多いですね。最近では副業としてという方も増えてきたのですが、時間もかかりますしなかなか割には合わないようですね。それと、そもそもこういうことがお好きかどうかということが重要です。単なる○×の採点であれば教科の知識のある方ならできるでしょうが、なかなか適性が難しいのです。せっかく始められても思ったのとは違ったとか。まず試験で選んでから、試用期間のような形で適性を見ています。その間、指導しながらやっていただくのですが、この試用期間の間にお辞めになる方もだいぶあります。こういう仕事が好きでないと勤まりませんが、うまくいくと二〇年、三〇年と長く続いていきます。会社にとっては大きな財産です。

――問題の作成はどなたがなさるのでしょうか？

出題は大学や高校の先生にお願いしております。入試のことや、高校の指導内容が分かった方々にご指導いただきながら、社内編集スタッフが作成に当たっています。

――初期の問題はどのような設計で作られたのですか？

大体同じレベルの問題を一〇問並べたというものでした。ステップアップの仕組みはありませんでした。「模試」よりはだいぶ易しい、文章の基本をマスターすることを目指したものでした。それがだんだん物足りないというような声が出てきまして、三分冊になりました。

その後、付録もほしいということで、学習ノートを付けました。ノートを勉強して、仕上げにテストを受けるという仕組みです。

最初は三分冊だったのが、次は四分冊、今では六分冊になっています。現在では、テーマ型から課題文型へ、課題文型からデータ型をプラスして、さらに要約問題を含めて、最終的には「模試」に近いものへと無理なくステップアップできるようにしています。できれば一年の一学期から学期ごとに上位のものに取り組み、三年になって「模試」を受験してほしいというわけです。

そういう学習プランで設計されていますので、大学の入試がどのような状況になってきているかというあたりにも常に目を配りつつ対応しています。現在、入試の出題は課題文型が五〇％で、英文課題文も入れたら七〇％近くになります。高校の先生方もその点を重視されており、課題文型で要約問題を含めてほしいといったリクエストが多くあります。現場の要望を取り入れながら、入試問題の傾向の変化に対応して内容は毎年見直すことになります。

――現場の要望にはたとえばどのようなものがあるでしょうか？

たとえば、課題文を読んで意見を述べるには前提となる知識が必要だということで、社会的なテーマの『解説集』を作るようになりました。一九九九年から制作しています。その前から社会的なテーマの出題が多くなっていたのです。『現代用語の基礎知識』とか『イミダス』のような書物もずいぶん売れた時代でしたが、あのレベルだと難しくて読ませられないということで、小論文で問われそうなテーマに絞った「解説書」のようなものがほしいという声が出てきたわけです。

大学の小論文入試の変化とそれに対する高校の要望に応じる形で開発を続けてきたと言えます。小論文には定義がありませんし、教育課程の中にもそのような名前では位置づけられていません。そのため、これまで、また今のところは、入試問題への対応という形を取ってきたということです。

――近年、大学入試「小論文」は変わりつつあるように思います。一部の大学では、これまでの経験や蓄積から、選抜ツールとしての「小論文」の性能に疑問をもつようになっています。もちろんテキストや資料を読んで考えたことを文章に書き表すことができる能力はとても大切なものですし、高校までの学習の中で積極的に取り組まれるべきものだとは思います。

ただ、それはそれとして、選抜の道具としての有効性は徐々に失われてきた。原因は一つではないでしょうが、「テーマ解説集」に見られるような受験対策が徹底して行われるようになったこともその一つでしょう。そこで入試「小論文」の中身は、文章を要約させるとか、英文を読ませるとか、非連続テキストの読解もさせるという方向に多様化していった。いろいろなものが現れたのは、入学する学生に求めたい力とそれがどのような方法で測れるのかを試行錯誤した結果だと思います。そのようにして、選抜の道具としての「小論文」の性能を何とか維持しようとしてきたわけです。

一方、高校の対応としては最も一般的なものに対応できるようにしようとしてきたわけで、その移り変わりが、こちらの小論文教材の発展の歴史の中にも見て取れるということですね。

そんな感じですね。私たちもこのあと大学入試がどうなっていくのかとても気になります。やはりその動きを敏感に捉えて柔軟に対応していかないと、高校現場のニーズにお応えすることができなくなってしまうと思っています。

ただ、書く力が重要であることは確かだと思います。入試云々ではなく、文章を読んで自分の意見を述べるという力は、受験に関係なく必要なものとして身につけるべきです。とはいえ、受講料を払ってくださるのは目的があってのことで、それはやはり大学受験です。それがどうなっていくのかはどうしても気になります。

その一方で、高校にも、書く力をつけたい、小論文を書く力を通していろいろな学力に結びつけたい、考える力に結びつけたい、というお考えの先生は増えていると感じます。文章を書く力が教科の学力につながるんだという意識をおもちの先生方もたくさんいらっしゃいます。大学の先生は、高校時代に書く力をともなうような形での教科の学力をきちんとつけて送り込んでほしいと思っておられるのではないかと思うのですが、それが受験勉強の中でうまく養われるのかどうかというと、どうでしょうか……。

結局、高校は大学の意図を汲んで入試「小論文」に取り組まなければいけないのですけれど、その大学の意図というのがもう一つ明瞭に伝わっていないとも感じています。

4 インタビューを終えて

大学入試「小論文」で何を測ろうとするのか、大学は受験生に明確に伝えなければならない。大学が入試を通じて発するメッセージは、これまでも受験生や高校に常に大きな影響をもたらしてきた。ただ、高校も、これまでのように入試に対応するだけではなく、むしろ「国語」を通して養った力を入試の場面できちんと評価するように、大学に迫るような動きがあってもよいのではないか。「国語」の教育課程には「聞く・話す」「読む」「書く」の領域があるが、大学入試の内容が「読む」、すなわち読解に偏ってきたのは明らかである。「国語」では論理的な表現や場に応じた言語の運用など、学習指導要領が示す内容を確実に指導するので、入試ではそれを正当に評価せよ、という声が高校からもっと上がってよい。

今回インタビューに応じてくれた二社は、ともに高校の現場の声にじっくりと耳を傾けながら商品開発を続けてきた。両社の「小論文模試」は、入試対策としての側面を表に出しているが、入試を抜きにして、「書く力」の必要性を訴えようとするところもある。A社は「入試を念頭に置きつつもそれを超えたところで書く力を段階的につけていくこと」を考え、B社は「小論文を書く力を通していろいろな学力に結びつけたい、考える力に結びつけたい」という高校教員の希望に応えようとする。とはいえ、変わりゆく入試に柔軟に対応していくことができなければ、商品として生き残ることもまた難しくなる。高校のニーズが多様化する中で、模索が繰り返されている。

「書くこと」の指導が入試対策に矮小化されることは、誰にとっても――「小論文模試」を企画・開発する企業にとっても、本意ではない。実のある「書くこと」の指導が実現されるために、高校と大学とが考えるべきことは多い。

第三章

ＡＯ入試「志望理由書」はどう書かれ、どう読まれるか

第一節　選抜ツールとしての実態と限界

1　選抜ツールとしての定着

多くの大学のＡＯ入試では、出願時にその募集単位を志望する理由や目的意識などを文章にしたもの、すなわち「志望理由書」の提出を求め、選考に利用している。

国立大学のＡＯ入試は、平成一二（二〇〇〇）年度に東北大学、筑波大学、九州大学の三大学でスタートした。翌年には北海道大学、福井大学、その翌年には旭川医科大学、静岡大学など、さらにその翌年には名古屋工業大学、横浜国立大学などが加わって、四年間で一五大学に増えると、次の四年間では三〇大学にまで拡大した。

平成一八（二〇〇六）年度当時の調査では、[1] ＡＯ入試を実施した国立大学二九大学のうち、少なくとも二五大学の八〇学部等で、書類選考に「志望理由書」が利用されていた。[2] 現在、ＡＯ入試は四七の国立大学、二二の公立大学、四六三の私立大学で実施されているが、[3] 「志望理由書」は、国公私立の別を問わず、ＡＯ入試における一般的な選考資料の一つとしてすっかり定着し、広く認知されるに至っている。

「志望理由書」では分量や内容が細かく指定される場合もある。分量については四〇〇・六〇〇・八〇〇字など、比較的字数の少ない文章がよく求められている。このように限られた字数の中で、志願者はその募集単位を志望する理由や自分の目的意識について語ることになる。大学では、志望先の教育内容とのマッチングや、論理的思考力・表現力などを観点として、この書類の評価を行っていると思われる。評価の観点や配点などを公表している大学もあるだろう。

受験生の多くが、出願に当たってこの書類の推敲・校正指導を受けてくることは当初から予想されていたわけだが、ある国立大学のＡＯ入試の合格者を対象として、平成一二年度から継続して実施した聞き取り調査によると、その割合はＡＯ入試の導入直後から五〇％を超え、数年のうちに七〇％を超えた。当初こそ、何をどう指導していいのか見当もつかないという声も聞こえたが、そのような時期はほんの短い間だった。「志望理由書」がその言葉とともに広く浸透・定着した今では、現役高校生の志願者は指導を受けずに出願することの方が珍しいであろう。

2 画一化・定型化の問題

今や、この「志望理由書」の書き方を指南する参考書やマニュアル、また通信添削講座の類は巷にあふれている。一般にはこの書類の出来映えが合否に大きく影響するものと認識され、人気を博しているようである。

職業柄、筆者の手元にもその手のマニュアルの類は何冊もあるわけだが、それらの書物が説く内容はみな簡潔にして的確。感心させられるものが多いのである。分かりやすい説明のためにさまざまな術語が導入され、執筆に至るまでの段取りにもいろいろな工夫が凝らされるなど、読んでおもしろいものばかりである。

ただ、出来上がりの「お手本」（合格した先輩の実例が示されるのが典型である）は、どれも似たようなものになる。そもそも「志望理由書」では、決して多いとは言えない定められた分量の中で、特定の大学の、特定の組織を志望する理由を述べるわけであるから、その目的に応じた適当な構成を考えると、似たり寄ったりになるのは仕方がないのかもしれない。

要は、

①自己を理解する（目的意識を明確にする）。

②対象を理解する（志望する組織の教育・研究内容などを理解する）。
③右の自己理解と対象理解とを往還して、関係づける。

という作業を繰り返して文章にするわけである。[4]

そして参考書の多くは、右の骨組みを基に、具体的なエピソードとして、問題意識が芽生えた経緯や、関心を深めることになった体験、またこれまでの活動の成果や入学後の研究計画、卒業後のビジョンなどを述べることを勧めている。すばらしい。これ以上の内容・構成はちょっと簡単には思いつかない。

入試に「志望理由書」を課す大学では、実は、受験生がこのような自己理解と他者理解の往還のプロセスを通じて自己と向かい合うという「経験」を積むことを重んじているというケースも多いのではないだろうか。その結果として産出された文章が、選抜の過程でどのように評価されるかはまた別の問題であるが、そのような「経験」を積むことが大学を目指すものにとって重要であることに疑いの余地は無いだろう。

また、高校までの「国語」教育における文章表現の指導という観点から見たとき、特定の目的で書かれる文章について、これほど丹念にその文章の意味や役割を分析し、その作成法を手を替え品を替えて提示し、さまざまな工夫を駆使して執筆を支援する、という例は、果たしてほかにあるだろうか。それが学習者にとって切実な問題としてこれほど熱心に学ばれる例が、果たしてほかにあるだろうか。

そう考えると、「志望理由書」には、選抜のツールであるという存在価値とは別に、受験生の学習の材料としての価値も認めてよいように思われるのである。

一方で、AO入試の導入当初から、「志望理由書」の内容・構成が画一化・定型化していることが、選考に携わる教員によってしばしば指摘されていたこともまた事実である。自分の言葉で語られない画一化した文章は、相互に差を認めがたく、また他者の強い介入やマニュアルの存在を想起させるため、選抜の材料として有効に機能させるのは難しいという指摘である。

筆者は、ある国立大学のある年度のAO入試合格者が出願書類として提出した「志望理由書」の文章を対象として、その内容と構成を調査したことがある。それは、受験生がこの書類の意味をどのように理解し、どのような内容をどのように書くのが望ましいと考えたのかを探る試みである。

その結果が、AO入試に「志望理由書」を課すことの本来の意味――受験生のどのような力を測りたいのか、また、高校までにどのような力を身につけてほしいのか――と、懸け離れたものであれば、その目的が正しく伝わるように、大学は発信するメッセージの内容を見直さねばならない。これはそのような検討に材料を提供することを意図して行った調査でもあった。調査の結果を次項以降に述べる。

その調査では合格者の書類が対象となっているが、それは合格者と不合格者の「志望理由書」の構成に大きな差がないという印象に拠っている。もちろん不合格者の書類の中にはほとんど何も書かれていないようなものもあるわけで、そうした例外を除いて、ある程度何かが書かれているような「志望理由書」を対象とした、というつもりである。したがって調査の結果は「合格者の書類でさえ」というニュアンスを含みこそすれ、「志望理由書」の望ましい姿が示されているということではない。念のため。

3 「志望理由書」の内容と構成を調べる

(1) 書かれた背景

この大学のＡＯ入試は、書類審査による第一次選考と面接による第二次選考で構成されている。第一次選考の書類審査の対象となるのは、「志望理由書（八〇〇字）」「自己推薦書（字数制限なし）」「調査書」の三点である。第一次選考に関する志願者への情報提供は、概ね次のような方針で行われている。

・三つの書類の配点比率や具体的な評価の観点などは公表されていない。
・選考体制は公表されていない。

・過年度の志願／合格状況は毎年公表される。

これらに加え、種々の広報媒体を通じた情報提供によって、多くの志願者は、例年、第一次選考が第二次選考に比べて高倍率であることを、また、さらに詳しく調べた者は、「自己推薦書」が最も重視される一方、「調査書」の成績概評は合否を大きく左右するものではないことなどを知った上で出願しているものと考えられる。またそのことを、入試を実施する側も期待している。

また、入試の導入当初から継続して行っている別の調査によって、大部分の出願者は教員による何らかの指導を受けてくることが明らかになっている。塾など学校外の機関で指導を受けるケースも少なくない。受けてくる指導の具体的な内容としては、調査の開始当初から「志望理由書」の推敲・校正を挙げるものが一貫して最も多い。「自己推薦書」の推敲・校正、志望動機についての想定問答、自己推薦の具体的内容についての想定問答などがこれに次いでいる。自己推薦内容の企画・実施支援という「指導」も想定できるが、それを受けたという合格者はほとんどない。選抜の段階でのチェックが利いていると評価しておきたい。

この入試の「志望理由書」は、右のような条件下で書かれたものであることを確認しておく。

次に、「志望理由書」を書いた、ある大学のある年度の合格者たちがどのような背景の持ち主なのか、出身校を調べてみた。

この入試の評価の観点は、一般入試の観点とは相当に異なるものである。その結果、合格者の出身校もまた、一般入試の出身校とは異なる様相を呈している。

調査年度までの四年間の期間で見ると、国内の高校を卒業した合格者は二九四名、合格者を輩出した高校の総数は二一五校であった。このうち、複数の合格者を出した高校は四二校、三名以上の合格者を出した高校も一五校あり、その一五校からの合格者数は六七人に上った。つまり、四年間の合格者二九四名中六七名（二三％）を、二一五校中一五校（七％）の高校出身者が占めたわけである。その一五校の合格状況と学科等の特徴を上に示す。

表1　合格者数上位15校の概要

	設置	合計	課題研究	SSH	学科等
A	公	9	○		単位制普通科
B	国	8	○		総合科学科
C	公	7		○	
D	公	5	○	○	
E	国	5	○		中等教育学校
F	公	4			
G	私	4	○		六年一貫
H	私	4	○	○	六年一貫
I	公	3			
J	公	3			
K	公	3			工業高校
L	国	3	○	○	総合科学科
M	公	3	○	○	総合科学科
N	公	3			美術科
O	公	3	○	○	理数科

表1における「課題研究」とは「総合的な学習の時間」等を利用して行われる探究的な学習のことであり、個人の学習成果をレポートや論文にまとめる活動を含むものを指す。「探究学習」「卒業研究」など、高校によって名称はさまざまであるが、カリキュラムにこうした「課

題研究」を取り入れている高校が、合格者数上位一五校中九校[5]に上った。

この大学のＡＯ入試は、志願者の主体的で継続的な学習活動の過程における問題の発見とその解決の能力を評価する自己推薦型の入試であるから、まず、主体的で継続的な学習活動の経験が無ければ出願すること自体が困難である。「課題研究」はそうした主体的で継続的な学習と結びついて、成果をまとめる契機となっており、これらの合格者はその成果を基に出願している場合が多い。

同様の事情がＳＳＨ（スーパーサイエンスハイスクール）指定校（一五校中六校）の出身者についても窺える。ＳＳＨのプログラムを通じて育まれた志願者本人の問題意識を具体的な課題として立ち上げ、その解決に取り組んだという物語の持ち主が少なくない。ただ、このような高大連携プログラムに関わる学習をどのように評価していくかには慎重な判断を要する。こうした活動を評価に加えると、都市部在住の受験生を結果的に優遇することになってしまう可能性があることもすでに指摘されているという[6]。この大学のＡＯ入試の評価においては、その点は経験的に補正される。むしろ補正が利き過ぎないように、すなわちＳＳＨの活動に基づく研究を、そのことを理由として過小評価しないことに注意が払われている。

調査年度も全合格者七九名のうち二一名（二七％）がこの一五校の出身であった。

そして、一般入試・推薦入試を含めた進学実績全体から見ると、この一五校は必ずしもこの大学への進学者数の多い高校ではない。この大学への進学者数において各県の最上位校と言えそうなのは表中IとJの二校のみであり、一般入試の合格者とは出身校の傾向が異なっている。

自分の学習の成果をまとめた経験がある高校生は、この入試と親和性が高いと言ってよいだろう。高校における「課題研究」「卒業研究」などの学習活動が出願の契機の一つとなっている。もちろんそうしたカリキュラムとは関わりなく研究を進め、成果をまとめてくる志願者も少なくはないが、その出身校もまたいわゆる進学校とは限らない。

(2) 調査の手順

対象とした年度の合格者は七九名である。その七九名の「志望理由書」に書かれた内容を下のような項目に従って分類し、出現頻度、出現順序を整理した。また、形式段落の数や、文中に現れる大学の教員や授業科目の固有名を併せて把握する。

・現在の関心
・きっかけとなった体験
・これまでの研究活動
・学びたい内容
・将来の希望
・カリキュラムの魅力

・施設や環境の魅力
・スタッフの魅力
・オープンキャンパスの印象
・学生や高校教員の薦め
・適合性（教育内容／求める人物像）

(3) 調査の結果

ア　字数と段落

出願者の大部分は所定用紙（一行二五字）の最終行近くまで文章を書きこんでくる。今回の合格者のうち六二名（七八％）は字数の九六％以上を埋めてきていた。九〇％以上の字数を書きこんできたものは七六名（九六％）に達している。八〇〇字という字数は決して多くない分量であり、志願者がこれを目一杯に利用しようと考えるのは自然であると解釈しておく。根拠は定かでないが制限字数の九〇％以上は書きこむべしとする指導が広く行われているという話もよく聞くところではある。

段落の数に着目すると、平均三・九段落（三段落：一四件、四段落：三七件、五段落：一四件）で四段落構成を中心とするが、一つの段落に一つのトピックという緊密な構成になっていないものが少なからず見られる。漠然と二〇〇字程度で改行したのではないかという印象を与えるものもある。また、冒頭の一箇所のみを一字下げした「一段落」構成のものが三件、まったく一字下げが行われない「〇段落」構成のものも一件あり、段落意識は全体に高いとは言いがたい（それでも合格しているわけではあるが）。

筆者が日ごろ接する学生の多くは、「段落」について、「文章のどこで段落を分けてよいのかしばしば迷う」とか「段落を分ける明確な基準を知らない」などと言う。これらの言い方から分かるように、彼らにとって段落とは、長い文章をいくつかの部分に「分ける」ものなのである。試しに「段落を書いた経験があるか」と尋ねてみると、ほとんどのものは何を問われているのか分からないという顔をする。評論教材の段落分けの作業が「段落」に触れる主たる機会であったとすればこのような反応も仕方がない。

大学初年次生の多くは、一つのトピックで一つの段落を書き、いくつかの段落を組み上げることで一つの文章を構築するのだという認識をもっていない。そのように文章を構築するためには、書き始める前に「構成」を考えることが必要になるはずであり、「段落」に注目するのはまさにその手順を重視したいがためなのであるが、実際にはそうしたプロセスを飛ばして文章を書いていることが多いのだろう。

この入試の合格者は学習の成果を文章にまとめた経験のあるものが多く、また、指導を受けながら練り上げた文章を提出しているはずでもあるのだが、それを見る限り、「構成」を考えて「段落」を書き、文章に組み上げるという手順が、全員に定着しているわけではないようである。

イ　何が書かれたか　――各項目の出現頻度

手順に示した項目によって内容を分類した結果は図1のとおりである。一件あたりの平均項目数は五・七と、形式段落の数に比べてやや多い。一つの段落に複数の項目が詰めこまれる傾向を指摘できる。

図1　書かれた項目（頻度）

上位の六項目（「きっかけとなった体験」「将来の希望」「学びたい内容」「カリキュラムの魅力」「これまでの研究活動」「現在の関心」）は、サンプルの半数以上に現れており、「志望理由書」に書かれる内容の典型的な要素と言えるだろう。

これらの要素のいくつかに、「施設や環境の魅力」「スタッフの魅力」を加えたり、オープンキャンパスにおける学生との出会いや、高校教員に薦められた経験を加えたりして全体を構成するのがよく見られる例である。また、文中に具体的な授業科目名や教員名が挙げられることも稀ではない（一〇件）。一方、適合性――教育内容や求める人物像との合致――をアピールしようとする内容は相対的に少ない傾向にある。

図2　書かれた項目（順序）

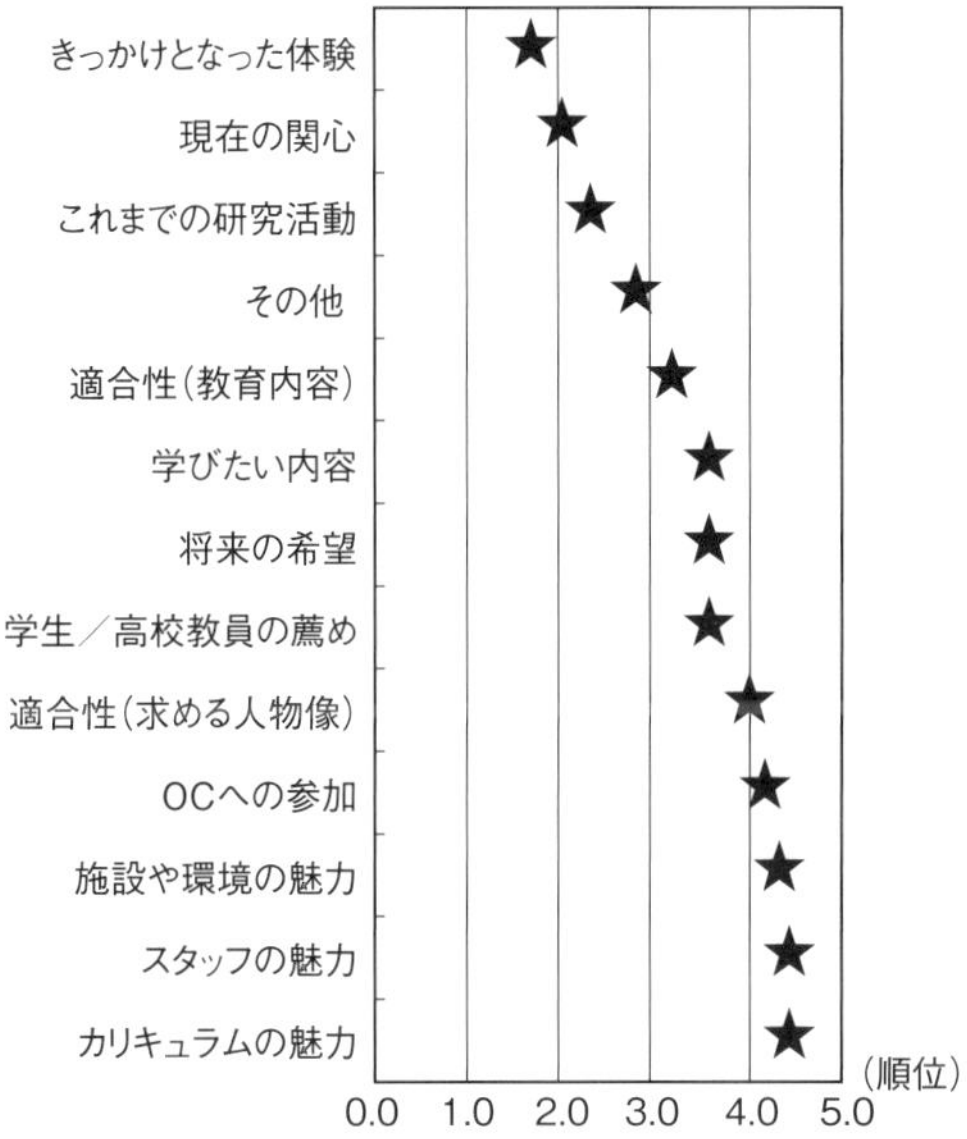

ウ　どう構成されたか　――項目の出現順序

個々の文章について、各項目がどのような順序で現れているのかを調査し、項目ごとに順位の平均値を求めると上のようになる（一つの文章中に同じ項目が複数回現れる場合はその都度カウントしている。図2）。

志願者自身の関心や出願までの活動に関する内容が冒頭近くに、大学での学習に関する展望が中頃に、大学の特徴や魅力に関する内容が末尾近くに現れるという大まかな傾向が指摘できそうである。

（4）よりよい相互伝達のために

これらの結果から、「志望理由書」の典型的な内容・構成は次のように考えることができそうである。

まず、全体は四つの形式段落で構成される場合が多く、そこに五―六個の内容項目が盛り込まれる。

内容としては、初めに「現在の関心」（順序二・三位／件数四〇件）やその「きっかけとなった体験」（二・〇位／六三件）が述べられ、「これまでの研究活動」（二・六位／四二件）がこれに続く。そして、それをもとに「将来の希望」（三・八位／五三件）や「学びたい内容」（三・八位／四九件）が語られていく。これらは主として志願者本人に関する内容であり、過去の実績という事実を拠り所としつつ未来への展望を語る部分と考えることができる。

さらに、なぜこの大学のこの募集単位を選んだのかという理由を述べる部分が続く。自分の学びたいことと募集単位の教育内容が一致するという「適合性（教育内容）」（三・四位／一二件）が挙げられる例は予想されるほど多くない。むしろ、薦めてくれる人との出会い（「学生／高校教員の薦め」

三・八位／一八件、「オープンキャンパスへの参加」四・一位／一五件）が契機になったと述べるものが多く、この入試で募集単位が求める人物像に一致するという「適合性（人物像）」（四・〇位／三件）を挙げるものは稀である。

そして、最後に「カリキュラムの魅力」（四・七位／四五件）が挙げられる。具体的には、比較的柔軟に設計されているこの大学のカリキュラムへの言及が多い。「広く学べる」というのがキーワードのようである。また「スタッフの魅力」（四・七位／一二件）も終盤によく現れる。出願までの経緯と志願する主たる理由を述べ尽くした後に、大学の特徴や魅力を述べて、全体をまとめようという意識を窺うことができるだろう。

こうしてみると、対象となった「志望理由書」の内容・構成は、やはりある程度画一化・定型化の傾向にあると言えそうである。事前に作成して提出する八〇〇字の作文という形態の制約上、選考資料としての有効性はもとより限定的ではある。そのことを十分に踏まえた上で利用すべき資料と位置づけられるべきである。

また、志望理由として述べられる内容について詳しく見ると、求められる人物像に自分が適っていることや、自分が学びたいことと志願する組織の教育内容とが適合することなどへの言及が、全体に不足がちである。さらに、体験や研究活動などを通じて問題意識がどのように深まっていったのか、自分がどのように変わったのか、といった諸点への言及はきわめて稀である。ただ、それらは短い文章では述べ尽くしがたく、別の資料の中に示されていると考えるべきかもしれない。

この入試は、研究や活動の成果それ自体よりも、その成果に至る過程を重視して志願者を評価しており、活動の過程で志願者が何をどう考え、どう学んだのか、そして活動の成果をどう認識しているのかが評価のポイントになっている。問題意識をもって学習に臨み、主体的な学習によってその問題意識がさらに深まっていくような経験は、すべての学習者に望まれるところであるが、そのことが端的に表現された「志望理由書」は意外に乏しいようである。

そうした掘り下げが不足がちであることが、これを読む者に「定型的・画一的」という印象を与える一因となっている面もあるのではないだろうか。主体的な学習を積み重ねて問題意識を掘り下げるような経験が、ＡＯ入試で入学を目指す者には求められる。そしてそうした経験を「志望理由書」という表現をもって大学に伝えてほしいものである。

一方、「志望理由書」を選考資料に含める目的は何なのか、そこから何を読み取りたいのか、――ひいては、それを課すことで、大学を目指す者にどのような力を養ってほしいのか、――「志望理由書」を課す大学は、その点を常に明確にするとともに、受験生に向けて発信されるメッセージの内容を見つめ直し、大学と受験生との効率的で充実した相互伝達を図る必要があるだろう。

注

（1）平成一七年度文部科学省先導的大学改革推進委託事業『受験生の思考力、表現力等の判定やアドミッションポリシーを踏まえた入試の個性化に関する調査研究報告書（第一分冊―一）国立大学AO入試の現状』（筑波大学・東北大学、二〇〇六年）による。

（2）募集要項とWebページなどの募集広報を基に調査したもの。自己推薦書の中で「志望理由」を記述させるような場合も含めた数。

（3）文部科学省「平成23年度国公私立大学・短期大学入学者選抜実施状況の概要」（二〇一一年）による。

（4）このモデルは中井浩一『脱マニュアル小論文―作文と論文をつなぐ指導法』（大修館書店、二〇〇六年）に明確に述べられている。

（5）公式Webページなどで確認できた高等学校のみの数。

（6）倉元直樹「教育政策と学力測定の技術」（日本児童研究所編『児童心理学の進歩　二〇一一年版』金子書房、二〇一一年）

第二節　学習材としての可能性

1　もう一つの価値

前節に述べたように、ＡＯ入試の出願書類としての「志望理由書」は、その内容、構成ともに画一化、定型化の傾向にあり、選考資料としての有効性は限定的であると言わざるを得ない。しかしその一方で、文章表現を学ぶ機会が乏しいまま大学に進学する学生も少なくなく、大学進学を目指す者にとっては「志望理由書」を書き上げる過程が文章表現を学ぶ数少ない機会になっている実態もある。そこで次には受験生が「志望理由書」を書き上げる過程に着目し、そこで受験生に何が起きているのかを探ることで、ＡＯ入試に課される「志望理由書」の学習材としての可能性について考えてみたい。

第二章では、いわゆる進学校を卒業した大学生の中に、その高校時代の「国語」の学習状況を「書くことよりセンター試験で点を取れるような学習をした」、「文章表現の学習はまったくしなかった。

基本的に大学入試の勉強をしていた」のように語る者があること、その一方で、「国語」の授業ではなく「大学入試対策として小論文を何回か書いた」、「小論文模試で二、三回書いた」など、大学入試対策の一環として文章表現のトレーニングが行われていることを述べた。

高校時代にまとまった分量の文章を書いた経験の多寡あるいは有無には、大学入試の受験科目、――たとえば「小論文」の有無――が大きく影響しているようであり、高校生に「推薦入試を受けなかったので文章表現の学習はしていない」、「進学校であったし、小論文が入試科目になかったのでほとんど書かなかった」（傍点は筆者）といった意識を生み出すことにもなっている。

このように、まとまった分量の文章を書いた経験が乏しいまま大学に進学する者が多数ある中で、推薦入試に備えて「小論文」を書く練習をしたり、AO入試に出願するために「志望理由書」を書いたりすることが、高校生にとって文章表現のトレーニングの数少ない機会となっている一面もある。文章表現の経験が乏しい受験生にとって、長期間にわたって自分と向き合い、まとまった分量の文章を書き上げることは、貴重な学習経験となっているはずである。

とすれば、「志望理由書」を課すことには、そうした学習の機会を提供するという独自の意義を認め得るのではないか、すなわち、「志望理由書」には、選抜資料としてのみならず、受験生の文章表現の学習材としての価値をも認め得るのではないか。そうした問題意識から次のような調査を行ってみた。

2　合格者はどのように文章を書いてきたか

まず、「志望理由書」はどのように書かれるのか、その過程で受験生に何が起こるのか、その詳細を可能な限り具体的に明らかにする。そして明らかになった事実を基に、「志望理由書」の学習材としての可能性と、ＡＯ入試にそれを課すことの意義を改めて考えてみようと思う。

ある国立大学のある年度のＡＯ入試合格者約五〇名を対象として二種類の調査を行った。一つは「志望理由書」を書いた経験に関するもの、もう一つは高校時代に受けた「文章表現」の指導に関するもので、前章で述べた初年次生を対象とした調査とほぼ共通の内容である。[1]

(1)　高校「国語」における文章表現の経験

まず、高校「国語」における「文章表現」の指導に関する調査の結果である。「国語」の授業において四〇〇字程度以上のまとまった長さの文章を書く機会が「何回」あったかを尋ねた。三年間を通じて「〇回」という回答が二六％、「一―三回」という回答が一九％、両者の合計は四五％であった。前章の初年次生対象の調査でこの両者の合計が六〇％に達していたことに比べると、「国語」における文章表現の経験が極端に乏しい者はかなり少ないと言える。

さらに「四―六回」「七―九回」という回答がそれぞれ一五％、「一〇回以上」も二五％に上る。添削指導（「国語」以外の場面を含む）を受けた回数も一年次に平均一・七回、二年次に二・七回と、前章の初年次生調査の結果（一年次平均〇・七回、二年次〇・八回）を上回っている。

続いて、「国語」の授業以外でまとまった文章を書いた経験を尋ねたところ、初年次生調査の結果と同様に、入試対策としての小論文の演習という回答が目立った（四二％）。

それに加えて、卒業研究や自主研究、部活動（創作、実験レポート）、「総合的な学習の時間」、小論文コンクールなどで、文章表現の機会を得ていたという回答が多く挙げられている点が今回の調査結果の特徴となっている（五二％）。

図1　AO 入試合格者の文章表現の経験

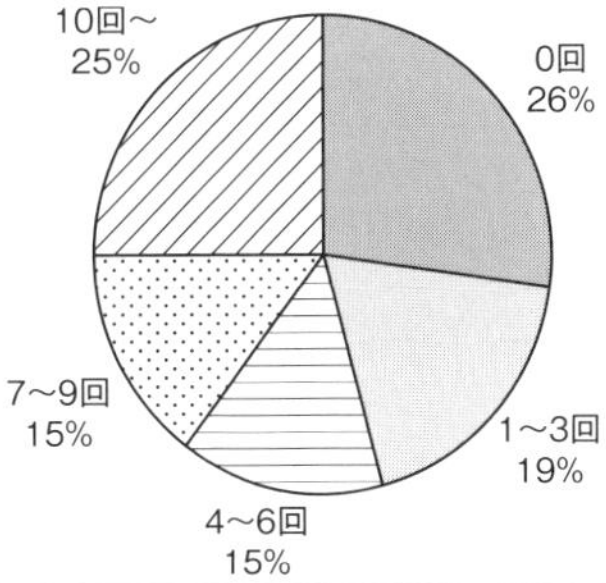

同じ大学の初年次生の集団と比べて、この入試の合格者は、「国語」の授業においても、またそれ以外のさまざまな場面においても、文章表現の機会がより多く確保されていたようである。

大学入学後、それぞれが主体的に学んでいく過程では、自らの考えをさまざまな手段で表現していくことが求められよう。そうした学習を円滑に進めていくためには、入学までの文章表現の経験が豊かであることは少なからず有利に働くはずである。この調査の結果は、主体的に学ぶ力をもった者を求めるこの入試が、求める人材の選抜にある程度成功していることを示していると思われる。

（2）「志望理由書」の執筆過程

調査Iの回答者五四名を、進学する教育組織によって大別すれば、文系九名、理系二七名、複合系五名、実技系一三名となる。また、高校における文理のクラス分けで見ると、理系クラス二一名、文系クラス一八名、その他一五名で、実技系組織に進学する一三名のうち一〇名は文系クラスに所属している。

この大学のAO入試の主な出願書類は、「志望理由書」（八〇〇字）と、自己推薦書（形式・分量自由）、調査書である。調査Iは、このうちの「志望理由書」の執筆過程について具体的に尋ねたものである。

ア　執筆の時期と期間

はじめに執筆の時期と期間を尋ねた。図2はその結果である。「書き始め」とは、執筆のためのメモや下書きなども含めて書く作業を始めた時期であり、「書き終わり」は、提出した形に書き上がった時期である。

書き終わりの時期は九月上旬から出願期限の九月中旬に集中しているが、書き始めの時期は一定し

図2　志望理由書の執筆時期

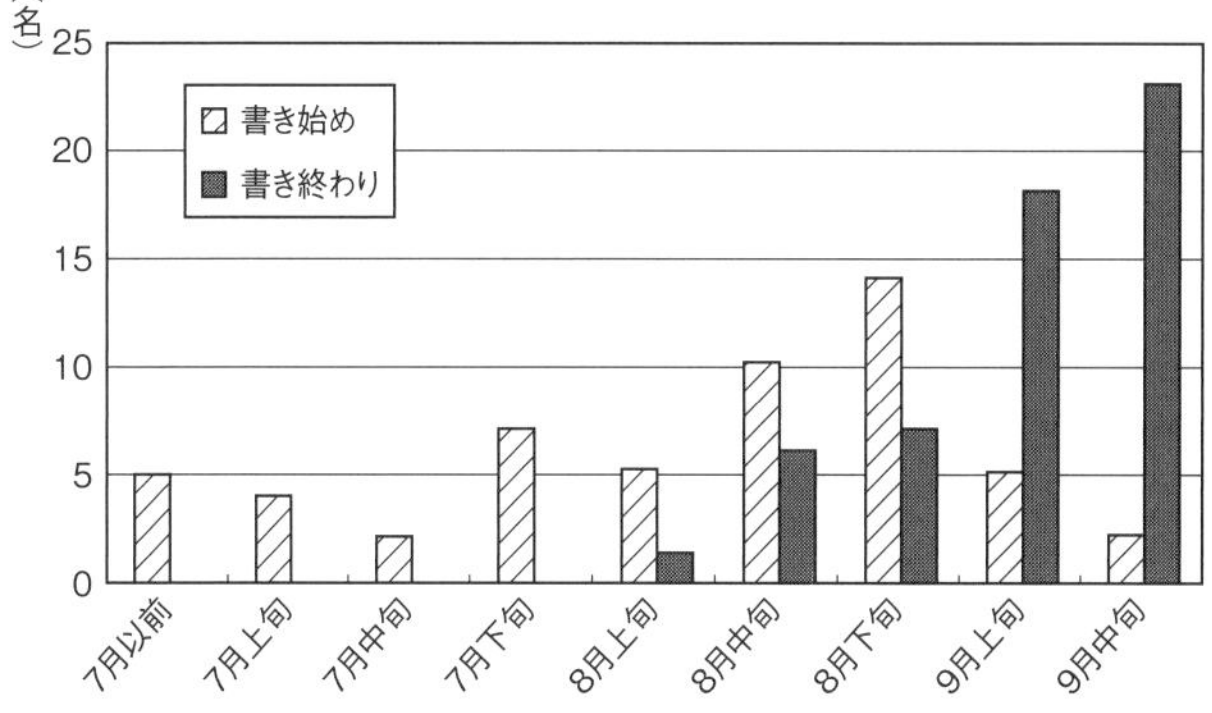

ない。八月中旬から下旬を中心とするが、七月中に書き始めた者も一三名、それ以前と答えた者も五名、また提出期限直前に書き始める者も少数ながらあった。執筆にかけた期間は平均で約二八日、四週間程度という結果である。

多くの者が提出間際に完成させていたのは当然のことといえようが、この入試の学生募集要項の公表が六月下旬であったにもかかわらず、七月以前に書類を「書き始め」ていた者が五名あったことは注目に値する。(2)

イ　修正の過程

書き始めてから書き上げるまで、平均四週間ほどの時間をかけて、受験生は「志望理由書」の執筆に取り組む。この間、ほとんどの者が高校教員や塾・予備校の講師などからさまざまな指導を受けている。

今回の調査では、「志望理由書」の執筆に関して何らかの指導を受けたと回答した者は四九名（九一％）に上っ

表1　誰の指導を受けたか

主な指導者（2項目まで回答可）	
担任教員	23
国語教員	13
進路指導教員	9
予備校・塾講師	5
家族	8
先輩（AO入試経験者）	2
先輩（AO入試未経験者）	1
友人	1
その他	15

た。この入試の開始当初から「志望理由書」の執筆に関する指導を受けてくるものの割合は一貫して高く、開始から数年で八〇％を超えた。

表1に示すように、主として指導に当たっているのは、担任の教員に加えて、国語の教員、部活動の顧問教員など（表中では「その他」）である。

自由記述の回答から、指導を受けた時期を調べてみると、下書きを終えた後、すなわち「とりあえず一度書いてみてから」というタイミングであることが多い（三六名）。そこで誤字脱字や語句表現のチェック、構成への助言を受けて書き直す、という手順が一つの典型のようである。

一方で、書き始める前に指導を受けたという回答も散見される（一一名）。「書き始める前に方向性を議論した」のように、書くべき内容と構成について事前に指導を受けたという例である。「メモの段階で、内容の過不足を指摘してもらった」「制限字数にとらわれずに書き、伝えるべきことを話し合って内容を絞ってもらった」といった支援と併せて、下書きを書く前に指導を受けた例といってよいだろう。

なお、書き始める前の準備としては、これまでの活動や研究の実績を整理する以外に、志望先の教育内容やカリキュラム、アドミッションポリシーの確認、大学の特徴などに関する情報収集などが多く挙げられたほか、「志望理由書」の書き方を参考書で調べたという回答も散見された。

このような指導・助言を受けて、受験生は「志望理由書」を書き直す。書き直した回数としては四―六回（二一名）、または一―三回（一九名）が多数を占めるが、それ以上の者も少なからずある（一三名）。二〇回以上（五名）と回答した者もあった。

すでに「志望理由書」の執筆を指導してくれるＡＯ入試に特化した塾・予備校もあり、そこで準備したという合格者もある。そこでは志願者と一対一で指導に当たるパートナーとが数ヶ月にわたって議論を重ね、修正を重ねるという。その塾の出身者に、修正のプロセスで書かれた草稿を見せてもらったことがある。指導は文字・表記、語句、言い回しや構成といった表現のレベルで行われているのではなく、パートナーとの対話を通じて徹底的に自分と向かい合わせ、目的と動機を具体化し、関連づけるというものであった。完成した文章の出来映えはともかく、そうした作業はその合格者にとって貴重な経験になっただろうと感じさせるものであった。完成した文章の出来映えはともかく、である。

ウ　執筆を通して

「志望理由書」を書いた経験は、志願者に何をもたらしたのか。「文章表現上の改善点」と「自分自身に起きた変化」の二つの観点から、自由記述による回答を求めた。

文章表現の具体的な改善点は、

・誤字脱字がなくなった。
・内容が整理され、論旨が明確になった。
・語句の用法や言い回しが適切になった。
・構成が明快になり、論理が一貫した。

など、諸方面に及ぶ。回答にはこれらの内容を複数挙げたものが多い。指導を受け、書き直しを繰り返す中で、自らの表現を客観的に見ようとした形跡を認めることができる。

自分自身に起きた変化としても、

・要約力を含め、文章表現力の重要性を再認識した。
・相手を意識して書くようになった。
・効果的な自己アピールの方法を工夫するようになった。

など、表現力の向上に言及する回答もあるが、数は少ない。この問いに対する回答で多数を占めるのは、

・大学で学ぶ目標が明確になった。
・大学で学びたいという意欲が高まった。
・自分の実績を客観的に振り返ることができた。

など、自己理解の深まりに言及したものである。

・大学や志願先について理解が深まった。

とする回答もわずかながらある。

以上をまとめれば、修正を繰り返しつつ「志望理由書」を完成させる作業を通して、自分の実績を客観的に振り返り、自分の目的や問題意識が明確になった、そのことによって大学への進学意欲も高まった、という内容の回答が多いということになる。

エ　合格者による位置づけ

次に、「志望理由書」のような文章がこの入試の選考に必要だと思うかどうかを尋ねた。質問の趣旨は、この入試の選考の精度を高めるために「志望理由書」を査読することは必要かというものだったが、実際の回答は、自分にとって有益だったかという観点から答えたものが数多く見られた。

ほとんどの回答が「必要」、あるいは「あってもよい」とした。その理由としては「この入試では志望理由の明確さが重要な判断の基準であると考える。その確かさを測るための資料として重要である」という趣旨のことがしばしば挙げられた。

例外的に「なくてもよい」とした回答は、いずれもその理由を「自己推薦書など別の提出書類でも同趣旨のことが表現できるから」とするものであった。

志望理由を明確に述べることは重要なことであるという認識が、この入試の志願者には強固にあるらしい。

一般に、ＡＯ入試において志望理由の明確さが選考の際の一つの基準となることはあるだろう。ただ、実際に、それをどのように判断し、どの程度まで選考に組み入れていくかは、各大学によってまちまちであろう。この大学は志願者に対して、志望理由の明確さを選考上どのように評価するのかを明確にしていないが、「志望理由書」を課していること自体がメッセージとなって、志願者がこうした認識をもつに至ったものと思われる。

最後に、「志望理由書」を執筆する過程で産出された下書きやメモを保存してあるかどうかを尋ねた。結果、五四名中四六名（八五％）が、保存していると回答した。

３　「志望理由書」を課すことの意義

大学入学者には、高校における文章表現のトレーニングが乏しいものが少なくない。進学校になるほど教科「国語」の中でまとまった分量の文章を書く機会は少なく、受験勉強の中で必要に応じて取り組んでいる場合が多い傾向にある。こうした状況の中で、自分の受験に小論文や「志望理由書」などが課されていなければ、文章表現を学ぶこと自体が重要と認識されないという事態が起きている。

この大学のＡＯ入試の合格者も、受験対策の一環として文章表現に取り組んでいたという者は多く、それが文章表現を実践的に学ぶ貴重な機会となっていることが窺える。今回の調査でも、「志望理由書」の執筆を通して自らの表現に、より意識的になったと回答した者が若干ながら見られる。

ＡＯ入試の「志望理由書」は、書き手自身の経験や関心、また問題意識や具体的な目標が、必然的に中心的な題材となる、すなわち、書くべき内容の中心が始めから自分の中にあるという点で、解答するために外部の対象に問題意識をもつことを強いられる「小論文」とは異なる。こうした特徴をもつ「志望理由書」を入試に課すことは、志願者に深く自分と向き合うことを求め、そこに見出された自己の内面を筋道の通った文章にすることを求めるということになるだろう。それはつまり、そのような深い自己理解に基づく、論理的な文章表現を学ぶ機会を提供するということにもなるだろう。

大部分の高校生は教員の指導を受けながら「志望理由書」を書いている。その指導は、今のところ下書き後の添削という形でなされていることが多いようである。が、一般に、執筆後の添削だけでは、書き手の論理的な思考・表現力の育成に大きな効果は期待できない。よりよい書き手を育てるための方策は、具体的には高校までの「国語」教育の中で考えられるべきものであるが、「志望理由書」

は、そうした実践の学習材の一つとして大いに活用可能なはずである。

また、今回の調査では、回答者の多くが、「志望理由書」を八月中・下旬から提出期限間際の九月上・中旬まで、四週間程度の期間で書いていた。学生募集要項の公表直後あるいはそれ以前から書き始める者や、数ヶ月をかけてこの書類を書き上げる者もあった。彼らの中には、その長い期間を通じて、目的意識を明確にし、学習への意欲を高め、志望する大学や教育組織についての理解を深めた者もあっただろう。「志望理由書」を課すことは、そのような経験を積むことを受験生に促すことにもなるはずである。そこにもまた「志望理由書」を課すことの独自の意義を見出すことができるだろう。

合格者の中には、「志望理由書」の執筆の過程は目的意識の明確化と学習意欲の喚起のために重要であったと回答した者も多く、この書類がＡＯ入試に課されることの意義を、出願者も積極的に捉えていると考えられる。もちろん、こうした回答の評価には慎重でなければならないし、そのような意識が入学後どの程度維持されるのか、また、学習状況にどう反映されるのかといった追跡調査とあわせて考える必要もあるだろう。

ただ、ある者は、「志望理由書」の下書きや執筆のためのメモを保存している理由を「折に触れて自分の意思を確認するために重要なものである。初心を忘れないように、繰り返して読むことができる」と説明している。合格者の八五％がそれらの資料を今も手元に残しているのは、彼らがこの書類を執筆する「過程」に何らかの意義を見出していることを端的に示すものと考えることもできるだろう。

以上、文章表現を学ぶ機会が乏しいままに進学する大学生が多い中で、ＡＯ入試の受験生が「志望理由書」を書く過程に焦点を当て、その過程で受験生に何が起きているのかを探ることで「志望理由書」の学習材としての可能性を検討し、この入試に「志望理由書」を課すことの意義を考えてきた。

さしあたり、「志望理由書」の執筆を通して合格者の文章表現力はどのように高まったのか、また、明確になった目的意識や意欲が入学後の学習にどのように結びついているのか、それらを具体的に捉えていくことが課題として残されている。さらに、「志望理由書」を選抜資料としていかに活用すべきかという、より大きな問題も残ったままである。

また、入学してくる学生は、それまでにどの程度、どのような文章表現の指導を受けてくるのか、それは大学入試とどのように関連しているのか、今後さらに詳細なデータをそろえていくことは、入学した学生に対する文章表現の指導の在り方を考える上でも重要になるであろう。

注

（1）調査対象となった初年次生にはＡＯ入試による入学者が含まれていない。

（2）過年度版の学生募集要項がｗｅｂで公開されており、志願者はこれを参照して書類作成の準備を始めることも可能である。

第四章

これからの「書くこと」の指導と大学入試

第一節　高校教育課程が目指すもの

1　大規模調査の結果から

　ここまでには、大学生に求められる「書くこと」の力とその実態、高校「国語」における「書くこと」の学習の実際について、いくつかの側面から述べてきた。本書の最後では、改訂された学習指導要領が「書くこと」の力の育成をどのように目指すのかを確認し、そこで育まれる「書くこと」の力と大学生に求められる「書くこと」の力がどのような関係にあるのかを捉え、その両者を、大学入試をはじめとする「高大接続」の動きがどのように結びつけることができるか、考えてみたい。

　はじめに、新しい学習指導要領が目指す「書くこと」の力を確かめよう。まず、学習指導要領改訂の背景として、それまで「書くこと」についてどのような課題が指摘されていたのか、改訂前に行われたいくつかの大規模調査とその分析結果を見てみよう。

（１）教育課程実施状況調査

国立教育政策研究所が行う「教育課程実施状況調査」は、学習指導要領の目標・内容に照らした生徒の学習状況の把握を直接の目的として実施されるものであるが、教育課程に基づいて行われる学習にどのような成果と課題とが見られるのか、その状況を明らかにすることは、学習指導要領改訂のための貴重な参考資料となる。近年では平成一四（二〇〇二）年、一七（二〇〇五）年度に実施されている。平成一七年度調査では、高校「国語」に関して三年生約三万人を対象に必履修科目「国語総合」の調査がなされている。

「書くこと」に関しては、グラフから読み取ったことについて書くこと、手紙を書くことの二つの記述式問題と、これに関連した知識・技能を問う問題が出題された。記述式問題の解答状況は肯定的に評価し得るものであったが、その基礎・基本となる知識・技能については課題が見られた[1]。

また、記述式問題では、設問にまったく反応しない、いわゆる無解答率の高さが問題視された。具体的には、求答式と記述式を合わせた全二八問中一三問（四六％）で無解答率が一五％を超えている。この割合は平成一四年の前回調査の結果（三二％）を大きく上回った。記述式問題に限定すれば、九問中七問（七八％）の無解答率が一五％以上で、九問中三問（三三％）では三五％を超えた。こうした無解答は、文章を読んで自分の考えや思いを記述する問題でも、理由や根拠を基に意見を記述する問題でも同じように現れる点に特徴がある。

一般に、無解答率が高いことの原因・理由は分析が難しい。教育課程研究センターの結果分析においても、無解答率が高いことについては、その問いで測ろうとした学力が「十分定着しているとは言えない状況である」という解釈が示されるのみである。無解答率がなぜ高いのか、それがどのような問題を示しているのかについては明言が避けられている。ただ、この調査と同時に行われたアンケート調査の結果分析の中で、「国語の授業に対する興味がもてず、関心が低い生徒も少なくない。このことは、国語を学ぶことの意義が、すべての生徒に必ずしも十分認識されてはいない」ことを示唆するという判断も示されている。

なお、この調査には、学習指導要領の領域構成に合わせ、「話すこと・聞くこと」に関する音声データを用いた問題も含まれていた。その解答状況は肯定的に捉え得るものであり、教育課程研究センターによる結果の分析でも「話すこと・聞くこと」の指導の成果は上がってきていると総括されている。しかし、同時に行われたアンケート調査では、その問題で問われたような内容を授業で「履修している」と回答した者の割合は六一・二%にとどまっている。「書くこと」同様、「話すこと・聞くこと」の学習が日ごろの授業においてどのように意識され、どのように行われているのか、この調査結果からは窺いきれない部分がある。むしろ「書くこと」以上に「聞くこと・話すこと」の指導目標・方法や評価に関しては今後の研究に俟たれるところが大きいと言ってよい。

（２）ＰＩＳＡ調査

「国語」の学力に関連した大規模調査としては、平成一二（二〇〇〇）年から実施されているＯＥＣＤ生徒の学習到達度調査（ＰＩＳＡ調査）がよく知られている。この調査は一五歳児を対象とする学習到達度調査であり、三年ごとに、「読解力」「数学的リテラシー」「科学的リテラシー」の三分野について毎回一つの分野を重点として実施される。平成一五（二〇〇三）年調査の結果で、「読解力」の大幅な低下が認められたことから大きな注目を集め、「ＰＩＳＡ型読解力」という言葉が一気に広まるに至った。ここで言う「読解力」は、単なる読みの知識や技能を指すのではなく、自分の目標を達成し、効果的に社会に参加するために、読みを価値づけたり、利用したりする能力を含んで構成されるもので、訓詁注釈的な文章の読解とはまったく異なる内容であった。もっている知識や技能を実生活の中でどのように活用できるかという能力評価の視点はそれまで明確に位置づけられてこなかったものである。

平成一七（二〇〇五）年、文部科学省は「読解力向上に関する指導資料―ＰＩＳＡ調査（読解力）の結果分析と改善の方向―」を公表してこの問題への対応を図った。

その中では、我が国の生徒が、書かれた情報から推論して意味を理解する「テキストの解釈」や情報を自らの知識や経験に位置づける「熟考・評価」に課題があることが指摘されるとともに、それらの傾向が過去の「教育課程実施状況調査」の結果からすでに明らかであったことが述べられた。

また、この調査でも記述式の問題に対する無解答率の高さが目立ったことに触れ、「とりわけ記述式の問題を苦手としていることが明らかになった」と述べつつ、過去の調査でも「問題の難易に関わらず、いずれの記述式の問題でも解答していない生徒が一割程度存在することが分かっている」として、二つの調査の結果に「明らかな共通点がある」との認識が示された。

その後、「読解力」については平成一八（二〇〇六）年調査でも状況の改善はほとんど見られなかったが、平成二一（二〇〇九）年調査の結果は平成一二（二〇〇〇）年調査とほぼ同水準に戻っている。小・中学校の教室では「読解力」を意識した取り組みが始まりつつあり、一定の成果を上げ始めているようである。

（3）全国学力・学習状況調査

平成一九（二〇〇七）年、文部科学省による「全国学力・学習状況調査」が開始された。小学校六年生、中学校三年生を対象として、当初は悉皆調査として始まった。このころには学習指導要領の改訂作業も終盤を迎えていたはずであり、小学校について翌平成二〇（二〇〇八）年の八月に、中学校について同九月に改訂が発表されている。高校についての発表はやや遅れて平成二一（二〇〇九）年三月であった。

「国語」に関する調査内容は、〔国語A〕「主として『知識』に関する問題」と〔国語B〕「主として

『活用』に関する問題」とで構成されている。〔国語A〕の問題には「文章の内容などに関する情報の取り出し」などが、〔国語B〕の問題には「伝えるべき内容を整理して、文章に表現すること」「筆者の主張を評価したり、表現を工夫しながら自分の考えを書いたりすること」「文章やグラフ・図表等を読んで、意見をまとめること」などが含まれている。「活用」という名付けからは、PISA調査の「読解力」が意識されていることがはっきりと窺えよう。

平成二二（二〇一〇）年度から、この調査は悉皆調査から抽出調査及び希望利用方式へと転じた。その背景には、全国的な学力・学習状況を傾向として把握しようとするならば、抽出調査で十分なはずであるという議論があった。一方で、この調査の問題作成と結果分析を担当する国立教育政策研究所教育課程研究センターによる『解説資料』には当初から次のように記されていた。

この調査を児童生徒一人一人の学力や学習状況の把握はもとより、今後の指導や学習の改善に生かしていくことが重要であると考えています。このため、問題の作成に当たっては、学習指導要領に示されている内容が正しく理解されるよう留意するとともに、子どもたちに身に付けさせたい力として重視されるものについての具体的なメッセージとなるように務めました。

（平成一九年度『解説資料 中学校 国語』「はじめに」傍線筆者）

悉皆調査によって、全国すべての小・中学校の教員にこの調査問題を見せることで、学習指導要領の趣旨を理解してもらおう、身につけさせたい重要な力を具体的に見てもらおう、という狙いがはっきりと書かれている。新しい学習指導要領の告示を目前にして、その趣旨を徹底するためにもこの調査を機能させようという目論見が窺えよう。しかし平成二二年度、悉皆方式から抽出調査及び希望利用方式に切り替わったことで、この調査のそうした機能は後退してしまったようにも見える。勤務校がこの調査を実施しない教員の中には、調査の具体的な「内容」に積極的に関心を向けない場合もあるようである。新聞などの報道を見ても、問題の「内容」に対する社会的な関心は少なからず低下したように見える。

なお、東日本大震災の影響等を考慮して、平成二三年度の調査実施は見送られたが、希望する教育委員会と学校には、準備されていた問題が配布された。公表された問題が、身につけさせたい「国語」学力の具体的なメッセージとして、一人でも多くの教育関係者の目にとまったことを願うばかりである。

平成一九年以来、数回実施された調査の結果は、「教育課程実施状況調査」やPISA調査など、それまでの大規模調査の結果から浮かび上がった課題を改めて確認するものになっていると言ってもよい。調査結果の報告において、「書くこと」に関する「課題」として指摘された事柄を列挙してみれば次のとおりである。

・目的や課題に応じて、グラフから分かったことや考えたことを書くこと

（小学校・平成二〇年）

・報告文に必要な事柄を整理したり、事象や意見などを関係付けながら書いたりすること

（小学校・平成二一年）

・文と文との意味のつながりを理解し、文の論理を考えて書くこと

（小学校・平成二二年）

・目的や意図に応じて、必要な情報を関係付けて読み、理由を明確にして説明すること

（小学校・平成二三年）

・資料に書かれている情報の中から必要な内容を選び、伝えたい事柄が明確に伝わるように書くこと、読み取った情報を根拠として示しながら、自分の立場を明確にして意見を書くこと

（中学校・平成二〇年）

・資料に表れている工夫を自分の表現に役立てること、文章から読み取った情報を簡潔にまとめて書くこと

（中学校・平成二一年）

・記事文に書かれている内容を基に、自分の考えを書くこと

（中学校・平成二二年）

これらは「課題」として指摘されているが、それ以前に、生徒に身につけさせたい力として提案された内容であったことを見過ごすべきではない。

また、記述式問題における無解答率の高さも引き続き指摘し得る。平成二二年度調査では、「自分の考えを書く」という記述式の問いで二〇・七％の無解答率が見られている。

これらの調査は、我が国の児童・生徒の学力（一部の態度的な側面も含めて）にどのような問題があり、その指導にどのような課題があるのかを議論する上で、有用な示唆を与えるものとなっている。今回の学習指導要領の改訂に際しては、これらの調査結果を踏まえ、特に「思考力・判断力・表現力等を問う読解力や記述式問題、知識、技能を活用する問題に課題」がある（『高等学校学習指導要領解説 国語編』二〇一〇年）と指摘されるところとなった。

2 新学習指導要領の「書くこと」

(1) 指導事項の体系

改訂された学習指導要領の特徴についてはここで改めて詳述するまでもないだろう。高等学校学習指導要領の第一章「総則」から次の一項を挙げておく。

各教科・各科目等の指導に当たっては、生徒の思考力・判断力・表現力等をはぐくむ観点から、基礎的・基本的な知識及び技能の活用を図る学習活動を重視するとともに、言語に対する関心や理解を深め、言語に関する能力の育成を図る上で必要な言語環境を整え、生徒の言語活動を充実すること。

「思考力・判断力・表現力」という学力を、知識や技能の活用を図る学習活動を通して育むこと、各教科・各科目において言語活動の充実を図ることが目指されている。この「思考力・判断力・表現力」について、中央教育審議会の答申にはたとえば次のような指摘があった。

思考力・判断力・表現力等を確実にはぐくむために、まず、各教科の指導の中で、基礎的・基本的な知識・技能の習得とともに、観察・実験やレポートの作成、論述といったそれぞれの教科の知識・技能を活用する学習活動を充実させることを重視する必要がある。

「思考力・判断力・表現力等」を育むために、「観察・実験やレポートの作成、論述」といった学習活動の充実が望まれている。そうした学習活動においては、全国学力・学習状況調査の結果報告が指摘した「書くこと」に関するいくつかの課題、すなわち「グラフから分かったことや考えたことを書くこと」「事象や意見などを関係付けながら書いたりすること」「目的や意図に応じて、必要な情報を関係付けて読み、理由を明確にして説明すること」「資料に書かれている情報の中から必要な内容を選び、伝えたい事柄が明確に伝わるように書くこと」「読み取った情報を根拠として示しながら、自分の立場を明確にして意見を書くこと」などにも、積極的に取り組んでいくことになろう。

学習指導要領に掲げられた「国語総合」における「書くこと」の言語活動例は、これらの課題にも関連した内容になっている。

イ　出典を明示して文章や図表などを引用し、説明や意見などを書くこと。

ウ　相手や目的に応じた語句を用い、手紙や通知などを書くこと。

これらの活動では、文章や図表などの資料を読み解くこと、必要な情報を選び出して適切に引用すること、事実や事柄と自分の考えとを明確に区別すること、伝えたい内容が的確に伝わるように構成と表現を工夫すること、読み手を意識し文脈に応じた語彙を選択すること、などいくつもの技能の活用が図られよう。こうした活動を通して、思考力、判断力、表現力等の育成を目指すことになるわけである。

かつて全国学力・学習状況調査（中学校）に、一般向けに書かれた学校行事の案内文を小学生向けに書き直させる設問があった。中学校までに育まれるそのような活用の力は、高校においても継続して高められる必要がある。それは大学や社会で求められる実践的な言語運用の能力に直結している。

なお、「出典を明示」することについて『高等学校学習指導要領解説 国語編』（以下、『解説 国語編』と示す）は、「著作権を尊重し保護することになる」点のみを述べているが、読者が原典にアクセスすることを可能にしておくことの重要性もここで学ぶべきことの一つであろう。

学習指導要領「書くこと」の指導内容には、小・中・高に共通して「課題設定や取材」→「構成」→「記述」→「推敲」→「交流」という流れがある。「国語総合」における四つの指導事項はこの流れに次のように位置づけられる。

「題材選定・取材・表現の工夫」
ア　相手や目的に応じて題材を選び、文章の形態や文体、語句などを工夫して書くこと。
「構成」「記述」
イ　論理の構成や展開を工夫し、論拠に基づいて自分の考えを文章にまとめること。
ウ　対象を的確に説明したり描写したりするなど、適切な表現の仕方を考えて書くこと。
「推敲・交流・評価」
エ　優れた表現に接してその条件を考えたり、書いた文章について自己評価や相互評価を行ったりして、自分の表現に役立てる…（略）

このうち「記述」の系統について小・中学校の指導内容を並べてみれば次のとおりである。

（小）第一・二学年　ウ　語と語や文と文との続き方に注意しながら、つながりのある文や文章を書くこと。

（小）第三・四学年　ウ　書こうとすることの中心を明確にし、目的や必要に応じて理由や事例を挙げて書くこと。

エ　文章の敬体と常体との違いに注意しながら書くこと。

（小）第五・六学年　ウ　事実と感想、意見などとを区別するとともに、目的や意図に応じて簡単に書いたり詳しく書いたりすること。

エ　引用したり、図表やグラフなどを用いたりして、自分の考えが伝わるように書くこと。

（中）第一学年　ウ　伝えたい事実や事柄について、自分の考えや気持ちを根拠を明確にして書くこと。

（中）第二学年　ウ　事実や事柄、意見や心情が相手に効果的に伝わるように、説明や具体例を加えたり、描写を工夫したりして書くこと。

（中）第三学年　イ　論理の展開を工夫し、資料を適切に引用するなどして、説得力のある文章を書くこと。

高校「国語総合」における「書くこと」の指導事項が、小・中学校からの指導事項を踏まえたものであり、全体としてきちんと系統づけられたものであることが見て取れよう。「論拠に基づいて自分の考えを文章にまとめ」たり、「対象を的確に説明したり描写したり」する力は、「国語総合」の中で確実に育成が目指されなければならないし、そのように養われる「書くこと」の力は高校教育の到達点の一つとして、大学入試における選抜の観点としても明確に位置づけられてよい。

(2)「国語総合」における評価

「国語総合」における「書くこと」の評価の観点のうち、「知識・理解」の内容を具体的にどう考えればよいのかはなかなか難しいところである。そこに盛り込むべき事項を学習指導要領から探せばたとえば次のようなものが見つかる。

〔伝統的な言語文化と国語の特質に関する事項〕イ

(ア)国語における言葉の成り立ち、表現の特色及び言語の役割などを理解すること。

(イ)文や文章の組立て、語句の意味、用法及び表記の仕方などを理解し、語彙を豊かにすること。

まず、これらの知識を「書くこと」に具体的にどう結びつけて指導し、どう評価するのかを考えることになる。

『解説 国語編』は、（ア）の事項にいう「言葉の成り立ち」は、日本語の歴史的な変遷という側面と、日本語の語や語彙の構造という側面から考えることができるとしている。よって、「書くこと」の評価の観点としては、たとえば後者に関連づけて「書くことに必要となる、語句や語彙の構造を理解している」という設定の仕方が考えられる。

日本語の語彙が和語・漢語・外来語から成り、各語種が日本語全体の中でそれぞれに役割をもっていること、さらに個々の語が語種の体系中で独自の位置づけを持っていることなどを理解していることは、相手や目的に応じた語の選択をする上で欠かせない知識となっている。実際の社会生活では、通知、解説、手紙など文章の種類や目的に応じて、また、不特定多数か特定の個人・集団か、またその年齢層は、といった読み手の人数や性質に応じて、漢語を使うべきか、和語で言い換えるべきか、外来語を用いて伝達に支障がないかなど、用いる語を一つ一つ選択しているわけであるが、その判断の拠り所となっているのは日本語の語句や語彙に関する知識を基盤とする言語感覚である。（第一章第二節参照）

学習活動においては、たとえば、見学した大学の担当者宛てに書くお礼の手紙に適切な語句を選ぶことができるか、解説文の中で文意が多義的になるのを防ぐために適切な語句を選ぶことができるかなど、指導内容に合わせて具体化した観点から評価を行うことになるだろう。

また、同じ（ア）の事項にいう「表現の特色」について、『解説 国語編』は、文章の形態や文体による特色に加えて、音韻、文字・表記、文法などの側面から考えることもできるとしている。よって「書くことに必要となる、文章の形態や文体の特色を理解しているか」「書くことに必要となる、日本語の表記や文法などの特色を理解しているか」といった観点の設定が可能となる。これも指導内容に合わせて、外国の固有名詞や外来語の片仮名表記の多様性を理解して個々の表記を使い分けているか、などと具体化できるだろう。

さらに「言語の役割」については、たとえば「書くことにおいて、言語が人間関係をよりよくし社会を調整するはたらきを持つことを理解しているか」といった観点の設定が考えられる。伝言のメモに「よろしくお願いします」「遅くなってすみません」などと短い言葉を書き添えることが相手との関係を維持する上でどのようにはたらくか理解しているか、などと具体化できよう。

学習指導要領が示す指導内容の各項は、ごく短い簡潔な表現に圧縮されているが、その背後には各項の文言に盛り込みきれなかった膨大な内容があり、それを解説するのが『解説 国語編』だと解釈することもできる。右に示した評価の観点は、いずれも『解説 国語編』の記述を踏まえて考えたものである。（イ）についても同様の手順で考えていくことができる。

一五六—一五九ページの表1は、小学校から高校までの学習指導要領における「書くこと」の指導事項の系統を一覧にしたものである。この一覧や、学習指導要領の全体を見渡せば、「なぜこの指導事項の系統は、小・中学校にあって高校では欠けているのか」とか「なぜこの指導事項には明らかに性質の異なる二つの内容がまとめられているのか」といった疑問も生じよう。また、それを「不備」「不整合」として指摘することも可能であろう。

しかし、別の見方をすれば、それらは告示までのさまざまな立場からの検討の過程ですべてを抹消されることもなく、ともかくもそのような形で存在することが許されていると捉えることもできる。どのような形であれ、そこに在る形を見つめ、その一言半句、片言隻語に目を光らせ、耳を澄ませて個々の指導事項の意味するところを考える、そのような作業も時には試みられてよい。『解説 国語編』はそのための縁となるはずである。

本節では、高校までの「国語」における「書くこと」の教育課程がどのように設計されているのかを確認した。次節では、今、大学ではどのような「書くこと」の力が求められ、それをどのように育もうとしているのかを確かめてみよう。

注

（1）国立教育政策研究所教育課程研究センター『平成一七年度教育課程実施状況調査（高等学校）vol.1 結果の概要及び教科・科目別分析』（二〇〇七年）

表1　小学校から高校までの学習指導要領における「書くこと」指導事項系統一覧

(小) 第3学年及び第4学年	(小) 第1学年及び第2学年	
(2)　相手や目的に応じ，調べたことなどが伝わるように，段落相互の関係などに注意して文章を書く能力を身に付けさせるとともに，工夫をしながら書こうとする態度を育てる。	(2)　経験したことや想像したことなどについて，順序を整理し，簡単な構成を考えて文や文章を書く能力を身に付けさせるとともに，進んで書こうとする態度を育てる。	目標
(1)　書くことの能力を育てるため，次の事項について指導する。		
ア　関心のあることなどから書くことを決め，相手や目的に応じて，書く上で必要な事柄を調べること。	ア　経験したことや想像したことなどから書くことを決め，書こうとする題材に必要な事柄を集めること。	課題設定や取材
イ　文章全体における段落の役割を理解し，自分の考えが明確になるように，段落相互の関係などに注意して文章を構成すること。	イ　自分の考えが明確になるように，事柄の順序に沿って簡単な構成を考えること。	構成
ウ　書こうとすることの中心を明確にし，目的や必要に応じて理由や事例を挙げて書くこと。 エ　文章の敬体と常体との違いに注意しながら書くこと。	ウ　語と語や文と文との続き方に注意しながら，つながりのある文や文章を書くこと。	記述
オ　文章の間違いを正したり，よりよい表現に書き直したりすること。	エ　文章を読み返す習慣を付けるとともに，間違いなどに気付き，正すこと。	推敲
カ　書いたものを発表し合い，書き手の考えの明確さなどについて意見を述べ合うこと。	オ　書いたものを読み合い，よいところを見付けて感想を伝え合うこと。	交流
(2)(1)に示す事項については，例えば，次のような言語活動を通して指導するものとする。		
ア　身近なこと，想像したことなどを基に，詩をつくったり，物語を書いたりすること。 イ　疑問に思ったことを調べて，報告する文章を書いたり，学級新聞などに表したりすること。 ウ　収集した資料を効果的に使い，説明する文章などを書くこと。 エ　目的に合わせて依頼状，案内状，礼状などの手紙を書くこと。	ア　想像したことなどを文章に書くこと。 イ　経験したことを報告する文章や観察したことを記録する文章などを書くこと。 ウ　身近な事物を簡単に説明する文章などを書くこと。 エ　紹介したいことをメモにまとめたり，文章に書いたりすること。 オ　伝えたいことを簡単な手紙に書くこと。	言語活動例

(中) 第1学年	(小) 第5学年及び第6学年
(2) 目的や意図に応じ，日常生活にかかわることなどについて，構成を考えて的確に書く能力を身に付けさせるとともに，進んで文章を書いて考えをまとめようとする態度を育てる。	(2) 目的や意図に応じ，考えたことなどを文章全体の構成の効果を考えて文章に書く能力を身に付けさせるとともに，適切に書こうとする態度を育てる。
ア 日常生活の中から課題を決め，材料を集めながら自分の考えをまとめること。	ア 考えたことなどから書くことを決め，目的や意図に応じて，書く事柄を収集し，全体を見通して事柄を整理すること。
イ 集めた材料を分類するなどして整理するとともに，段落の役割を考えて文章を構成すること。	イ 自分の考えを明確に表現するため，文章全体の構成の効果を考えること。
ウ 伝えたい事実や事柄について，自分の考えや気持ちを根拠を明確にして書くこと。	ウ 事実と感想，意見などとを区別するとともに，目的や意図に応じて簡単に書いたり詳しく書いたりすること。 エ 引用したり，図表やグラフなどを用いたりして，自分の考えが伝わるように書くこと。
エ 書いた文章を読み返し，表記や語句の用法，叙述の仕方などを確かめて，読みやすく分かりやすい文章にすること。	オ 表現の効果などについて確かめたり工夫したりすること。
オ 書いた文章を互いに読み合い，題材のとらえ方や材料の用い方，根拠の明確さなどについて意見を述べたり，自分の表現の参考にしたりすること。	カ 書いたものを発表し合い，表現の仕方に着目して助言し合うこと。
ア 関心のある芸術的な作品などについて，鑑賞したことを文章に書くこと。 イ 図表などを用いた説明や記録の文章を書くこと。 ウ 行事等の案内や報告をする文章を書くこと。	ア 経験したこと，想像したことなどを基に，詩や短歌，俳句をつくったり，物語や随筆などを書いたりすること。 イ 自分の課題について調べ，意見を記述した文章や活動を報告した文章などを書いたり編集したりすること。 ウ 事物のよさを多くの人に伝えるための文章を書くこと。

(中) 第3学年	(中) 第2学年	
(2) 目的や意図に応じ，社会生活にかかわることなどについて，論理の展開を工夫して書く能力を身に付けさせるとともに，文章を書いて考えを深めようとする態度を育てる。	(2) 目的や意図に応じ，社会生活にかかわることなどについて，構成を工夫して分かりやすく書く能力を身に付けさせるとともに，文章を書いて考えを広げようとする態度を育てる。	目標

ア 社会生活の中から課題を決め，取材を繰り返しながら自分の考えを深めるとともに，文章の形態を選択して適切な構成を工夫すること。	ア 社会生活の中から課題を決め，多様な方法で材料を集めながら自分の考えをまとめること。	課題設定や取材
	イ 自分の立場及び伝えたい事実や事柄を明確にして，文章の構成を工夫すること。	構成
イ 論理の展開を工夫し，資料を適切に引用するなどして，説得力のある文章を書くこと。	ウ 事実や事柄，意見や心情が相手に効果的に伝わるように，説明や具体例を加えたり，描写を工夫したりして書くこと。	記述
ウ 書いた文章を読み返し，文章全体を整えること。	エ 書いた文章を読み返し，語句や文の使い方，段落相互の関係などに注意して，読みやすく分かりやすい文章にすること。	推敲
エ 書いた文章を互いに読み合い，論理の展開の仕方や表現の仕方などについて評価して自分の表現に役立てるとともに，ものの見方や考え方を深めること。	オ 書いた文章を互いに読み合い，文章の構成や材料の活用の仕方などについて意見を述べたり助言をしたりして，自分の考えを広げること。	交流

ア 関心のある事柄について批評する文章を書くこと。 イ 目的に応じて様々な文章などを集め，工夫して編集すること。	ア 表現の仕方を工夫して，詩歌をつくったり物語などを書いたりすること。 イ 多様な考えができる事柄について，立場を決めて意見を述べる文章を書くこと。 ウ 社会生活に必要な手紙を書くこと。	言語活動例

国　語　総　合	
〈科目の目標〉 国語を適切に表現し的確に理解する能力を育成し，伝え合う力を高めるとともに，思考力や想像力を伸ばし，心情を豊かにし，言語感覚を磨き，言語文化に対する関心を深め，国語を尊重してその向上を図る態度を育てる。	
(1) 次の事項について指導する。	
ア　相手や目的に応じて題材を選び，文章の形態や文体，語句などを工夫して書くこと。	題材選定・取材・表現の工夫
イ　論理の構成や展開を工夫し，論拠に基づいて自分の考えを文章にまとめること。	構成
ウ　対象を的確に説明したり描写したりするなど，適切な表現の仕方を考えて書くこと。	記述
エ　優れた表現に接してその条件を考えたり，書いた文章について自己評価や相互評価を行ったりして，自分の表現に役立てるとともに，ものの見方，感じ方，考え方を豊かにすること。	推敲・交流・評価
ア　情景や心情の描写を取り入れて，詩歌をつくったり随筆などを書いたりすること。 イ　出典を明示して文章や図表などを引用し，説明や意見などを書くこと。 ウ　相手や目的に応じた語句を用い，手紙や通知などを書くこと。	言語活動例

第二節　大学の教育プログラムに見る「書くこと」の指導

1　求められる言語活動の充実

ＰＩＳＡ調査や教育課程実施状況調査、全国学力・学習状況調査など、近年の学力に関する各種調査の結果は、いずれも児童／生徒の思考力・判断力・表現力に課題があることを示唆していると分析された。これを受けて、中央教育審議会は「幼稚園、小学校、中学校、高等学校及び特別支援学校の学習指導要領の改善について（答申）」（平成二〇〈二〇〇八〉年）において、思考力・判断力・表現力を「変化の激しい社会で自立的に生きる上で重要な能力」と位置づけ、その育成には各学校の各教科における言語活動の充実が不可欠であると述べた。こうして今回の学習指導要領の改訂では、各教科における言語活動の充実が要点とされることになった。

具体的には、各学校の各教科では国語科で培われた理解力や論理的思考・表現力を基に、記録、報告、説明、論述などの学習内容に取り組むことになっている。

この改訂において目指されたような、未知の課題を解決しつつ自立的に生きる能力の育成は、初等・中等教育はもちろん、高等教育においても当然目標とすべきところである。むしろ、自ら課題を見つけ、その解決に向けて主体的に学び考える人材の育成は大学の根幹的な使命の一つとも言える。

ここでは、現在の大学の教育プログラムの中で、言語活動がどのような形で学習に生かされているのか、高校との円滑な接続、教養教育、専門教育などいくつかの場面を例に概観してみよう。

2　高校との円滑な接続

入試も大学の教育プログラムの一環であるという立場に立てば、そこにも言語活動と見なせる例があることに気づく。

入試科目としての「小論文」もその一つであろうが、もう一つ、高校と大学との円滑な接続を目指す試みとして、最近一〇年ほどで盛んに行われるようになった試みに、「入学前教育」がある。大学早期合格者を対象として、大学が行う教育である。入学前教育の在り方や位置づけは大学によってさまざまであり、実質的には補習教育（リメディアル教育）として行われる場合も、大学で学ぶ内容の先取りとして行われる場合もある。

数年前に、高校の進路指導教員を対象に、大学の入学前教育に対する意識調査を実施したことがある。平成一九（二〇〇七）年度に、ある国立大学のAO入試に出願した実績のある四五四校の進路指導教員を対象にした質問紙調査で、二八九校（六三・六％）から回答が得られた。

そのときの結果でも、入学前教育の存在はすでにほとんどの高校教員に認知されていた。大部分の教員は勤務校の生徒が入学前教育を受ける例を知っており、その内容を見たことがあった。生徒が取り組む入学前教育の課題を高校教員が指導するケースを知っているという教員も六〇％以上に上った。

しかし、実際の入学前教育を目にした教員のうち、それが「適切な内容」であったとする者は六六％にとどまり、さらに「大学ならではの工夫が見られる内容」であったとする者は二〇％に満たなかった。「どちらともいえない」という回答が多く、入学前教育が未だ模索の段階にあり、その内容が大学によってまちまちである現状を端的に示していると思われた。

大学にとって重要なことは、相当早い時期から多くの高校教員がいろいろな大学の入学前教育を目にし、さまざまな観点からその内容に評価を下しているという、その事実である。

また、八〇％を超える教員は入学前教育を必要であると考えていたが、それが「高校教育に資するものか」という問いへの答えは分かれ、否定的な回答も三〇％を超えていた（図1）。入学前教育を必要と認めながら、高校教育に資するかという問いには否定的な見方をする回答も二四％に上った。このことは入学前教育の在り方を考える上での根本的な問題として重く受け止めるべきであろう。

近年では、各大学が工夫を凝らし、添削等のフォローの丁寧さ、過度の負担にならないことなどに注意しながら入学前教育の内容を練り上げている。

図1 「入学前教育」は高校教育に資するものか

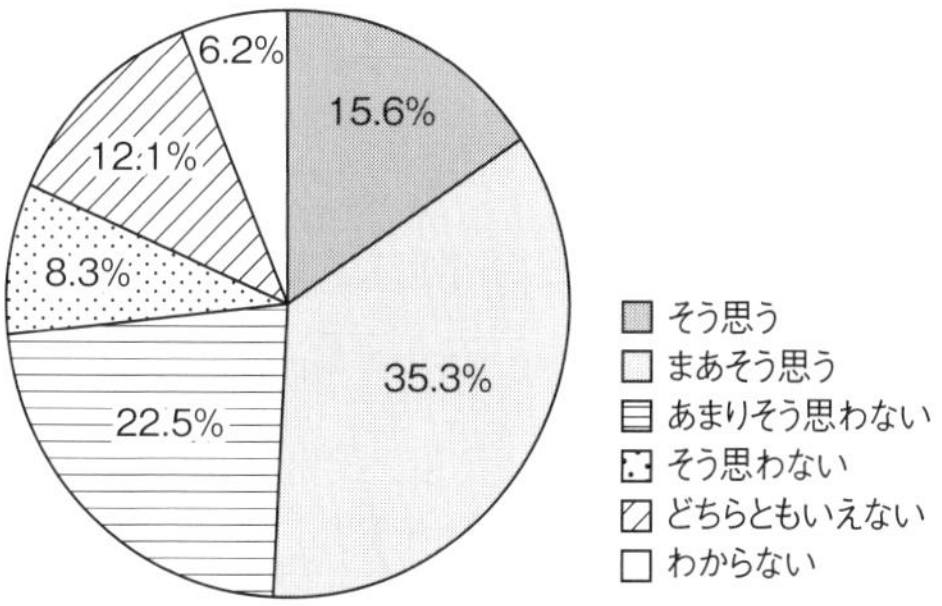

そうした中で「大学での学び方を身につけさせる」目的で、レポート・論文の書き方などが指導される場合も少なくない。これは、高校までの学習ではデータに裏付けられた根拠に基づいて主張を述べたり、仮説を立てて実験や調査を行い、その結果から結論を導いてレポートを書いたりする機会が、従来十分に保証されてこなかったという判断に基づいていると考えられる。

たとえば、西日本のある国立大学では三〇〇ページを超えるテキストを用意して入学前教育を実施しており、その四〇ページがレポート・論文の書き方に割かれている。その冒頭では、大学での研究は「『読書感想文』でも『調べもの学習』でも『小論文』でもない」のであって、小中高での学習は「『文章を書く』練習には十分なっていたはず」ではあるが、論文を書くためには「これまでの文章習慣をいったんリセットする必要がある」と述べられている。

論文を書くこととは、「論証に必要な根拠を作り」「客観的なデータから導かれた」「社会的にも意義のある」考察を行うことにほかならない、という文脈での提言ではあるが、そうした過程に、高校までの学習に求められるべき内容がまったく含まれていないわけではないはずだ。まして「知識基盤社会」を生きる人として求められるものの見方・考え方を養うために、高校までの文章表現の習慣は「いったんリセットする必要がある」とも思われないが、そのような見方が大学教員の間に広がっているとすれば、それを払拭するためには高校までの言語活動がいっそう充実した形で実現されなければならないだろう。

3 新しい「教養教育」として

大学生が論文・レポートを書くための参考書には、清水幾太郎『論文の書き方』（一九五九年）を嚆矢として、澤田昭夫『論文の書き方』（一九七七年）、木下是雄『理科系の作文技術』（一九八一年）などが、少数ながら早くからあった。そして、「表現の技術」と題する一章を収めた東大教養学部「基礎演習」のサブ・テキスト『知の技法』（小林康夫他編、一九九四年）が刊行されたころから、論文・レポートの書き方に関するマニュアル類の刊行は急増した。大学近くの書店ではその類の書物が何種類も平積みにされている様子を一年中見ることができる。

　これらのマニュアル類は、プレゼンテーションの技法や情報機器の活用法などへと、その扱う範囲を広げる一方、近年では「看護学生のための…」「心理学のための…」と、分野や領域によって対象を細分化する傾向を見せている。

「レポート・論文の書き方」のような、言わば大学での学び方の習得を目的とした内容は、専門分野の研究に進む準備として一、二年次の教育プログラムに組み込まれることも多い。

　文部科学省の公表する「大学における教育内容等の改革状況について」を見ると、初年次教育を実施する大学が年を追って増加する傾向にあることが分かる。平成一九（二〇〇七）年度は五七〇校、平成二〇年度年は五九五校、平成二一年度は六一七校（全大学の約八四％）に上っている。

　その具体的内容は、平成二一（二〇〇九）年度では「レポート・論文の書き方等の文章作法を身に付けるためのプログラム」（五三三校）、「プレゼンテーションやディスカッションなどの口頭発表の技法を身に付けるためのプログラム」（四八八校）、また「図書館の利用・文献探索の方法を身に付けるためのプログラム」（四四二校）や「情報収集や資料整理の方法を身に付けるためのプログラム」（四一九校）など、まさに言語活動の内容に該当すると言ってよいものも多い。

　こうした取り組みは、高校までに言語活動を通して育成が目指される能力を、引き続き大学教育において育もうとする端的な例ということになろう。

筆者の勤務校では開学当初から、母語としての日本語に対する認識を新たにし、日本語による表現能力を高めることを目的とした全学共通科目「国語」が設置されている。現在では、六名の専任教員と数名の協力教員によって年間六〇コマの「国語Ⅰ・Ⅱ・Ⅲ」が開設されている。シラバスを見ると、各授業の目標として「大学生として必要となる」「学術的文章の書き方」「論理的な文章の書き方」「言語技能」「言語運用能力」「アカデミックリテラシー」を身につけるといった言葉が並んでいる。具体的内容としては「引用」「定義」「主張と根拠」「段落・パラグラフ」などについて実践的に学ぶとされている。他大学の教育プログラムにおいても同様の内容が扱われることは多いようである。

前節で見たように、必要な情報を収集・整理し、必要に応じて引用したり定義したりしながら、根拠によって主張を支え、段落の構成を考えて意見を述べる文章を書くことは、高校までの教育課程の中に系統的に盛り込まれている。大学ではこれを「学術的な文章の書き方」の基礎として指導するが、論理的な文章が「学術的な文章」に限られるわけではもちろんない。社会の中でこうした文章を書く機会はいくらでもあり、それを書く力は普遍的に求められている。だからこそ、高校までに学習することになっているのだ。高校ではそのことを踏まえた指導に取り組んでいく必要がある。また、大学入学後の学習を円滑に進めるためにも、そのような文章を書く力が、大学入試における選抜の観点の一つとしていっそう重視されるようになっていくことが予想される。

そのほか、この「国語」とは別に、「テクニカルライティング」という科目が、ある理数系の教育組織によって独自に開設されている。[1] 各回の授業では、企画書や科学論文の作成法など科学技術に特化した内容ばかりでなく、伝わりやすい文章の発想法や構成法、また正確で効果的に伝えるための表現など、文章作成の基礎的な内容が扱われている。

この科目は、研究活動の成果を社会に還元するために、「論理的で簡潔で、分かりやすくて誤解されにくく、心地良く伝わる文章を発信することが、科学や技術に関わる専門家に求められて」いるという認識に立っている。そうした認識の重要性は誰しもが認めるところであろうが、「論理的で簡潔で、分かりやすくて誤解されにく」い文章の指導に、理数系の教員集団が自ら乗り出すに至った背景は、国語教育に携わる者として重く受け止めざるを得ない。

また、近年、学生の言語活動を支援する仕組みとして、「ライティング・センター」を設置する大学が散見されるようになった。現在は約二〇の大学にライティング・センターがある。これにもいろいろな形態があるが、多くは日本人学生の日本語による文章作成を支援する役割を負っている。

日本における「ライティング・センター」設置の嚆矢となったある私立大学では、書くことを「過程」で支援するという理念の下、「自立した書き手」の育成を目指し、書かれた文章を添削するのではなく、トレーニングを受けた院生のチューターが書き手との対話の中で問題点と修正方法に気づかせるという手法を採っている。「書き手」を育てることを目的として、添削指導は行わず、専任の教員やら院生のチューターが個別の相談に応じるというライティング・センターをもつ大学はほかにもある。

一方、「学生満足度の向上」を目指し、授業の課題として出されたレポートの添削指導や、就職試験のための小論文、履歴書の書き方まで個別指導するという大学もある。

このように、論理的な文章を書く学習経験が必ずしも豊かとは言えないまま大学に入学する学生のさまざまなニーズに応えようとする仕組みが、大学の事情に応じて模索されている。(2)

4 「専門教育」のトレーニングとして

文部科学省が大学教育を支援する事業の一つに「理数学生応援プロジェクト」がある。平成一九(二〇〇七)年度以降、二二大学のプログラムが採択され実施されているが、筆者の勤務校でもこのプロジェクトの支援を受けて「先導的研究者資質形成プログラム」が実施されている。これは通常、研究室に配属されるまで本格的な研究が始められない理数系分野の学生の研究支援を目的として、具体的な研究計画とそれを遂行する意欲と能力をもつと判断された一—三年次の学生個人に、最高一〇〇万円の研究費と研究スペースを与えて「研究者体験」をさせようというプログラムである。平成二一(二〇〇九)年度以降、二四—二五名の学生がこのプログラムの支援を受けて研究を行っている。

理数系の教員集団が創出したこの「研究者体験」プログラムは、学生に「研究費獲得のための申請書を書かせる」ところからスタートする。研究者――特に理数系の研究者にとっては、毎年の研究費を競争的に獲得することが切実な問題であり、自分の研究計画を説明し、審査員を説得する文章作成のスキルが必須となっているのである。このプログラムは学生の「研究者体験」をそこから始めさせるところに特徴がある。採択後の体験活動も、研究を遂行して「成果を発表する」、「報告書を書く」と、いずれも言語活動に結びついている。

また、このプログラムの一環として「研究者入門」という授業科目が開設されている。一―三年次の学生が自由に履修できる科目であり、その到達目標は「『研究計画書』を審査に堪えるレベルで作成できるようになる」ことである。「採択される研究計画書の書き方」の講義と演習などの授業を受けて、最終的には実際に「研究計画書」を作成し、プレゼンテーションを行って評価を受ける。

こうしたプログラムは大学教育の中ではやや特殊な例ではあるが、理数系の学生が取り組む学習の中でも、自分の研究を進めるために議論をしたり、その成果を説明するために論理的な文章を書いたり、分かりやすく口頭で表現したりするトレーニングが重視されていることが分かる。理数系の教員集団がこのような能力の育成に特化した授業科目を開設したり、特別なプログラムを整備したりするのは、そこで行われる言語活動の重要性を明確に認識していると同時に、大学教育の中で積極的に取り組んでいく必要性を切実に感じているからにほかなるまい。

5　「キャリア教育」の一環として

中央教育審議会の「答申」は、今日の「知識基盤社会」においては、「科学技術系人材の育成」とともに「国民一人一人の科学に関する基礎的素養の向上が喫緊の課題」であると指摘し、学習指導要領では「理科教育の充実」が柱の一つとなった。

今、多くの人は惑星探査機が宇宙空間から物質を持ち帰る仕組みを詳しく知りたいと考え、地震や津波が起こるメカニズムについていてなるべく正確な知識を得たいと願っている。こうした中で、科学技術の正しい知識を社会一般に伝える役割を果たす「サイエンス・コミュニケータ」の存在が注目を集めている。すでに専門のポストを配置する大学もあり、学部、学内センターや学内プロジェクトがそのポストを用意する例も増えつつある。

「サイエンス・コミュニケータ」は今のところ職業とまでは言えないが、職能の一つとして認知されつつあり、科学技術の普及に資する有効な手段として、いくつかの大学でその育成を目指す動きが見られる。

たとえば、勤務先の大学院博士課程では、キャリア教育の一環として、「サイエンス・コミュニケーション」という科目が開設されている。この授業は、研究成果を積極的に分かりやすく発信していくための文章の書き方や口頭発表の仕方などのプレゼンテーション能力、また一般社会に科学を紹介するさまざまな機会を企画・運営するコミュニケーション能力の向上などを目的としている。まさに言語活動を通して学ぶ内容ばかりである。

大学のほかにも、国立科学博物館が「サイエンス・コミュニケータ養成実践講座」を開講している。この講座を修了することで国立科学博物館認定サイエンス・コミュニケータの資格が得られるほか、提携を結ぶ大学の取得単位として認定される制度が整備されている。

情報メディアの多様化した現代社会にあって、さまざまな媒体を通じて発信される大量の情報のうちには誤解や混乱を招く不正確なものも少なくない。科学技術の専門領域ごとに正しい情報を分かりやすく提供してくれる人材は不可欠である。また、幅広い層に科学の面白さを説くことによって児童・生徒の「理科離れ」に歯止めをかけることも可能かもしれない。

さらに言えば、研究費の獲得や支援者への説明責任を果たすためにも、研究の計画や成果を説明する能力は重要である。今日では、自らの研究の意義や価値を社会に対して常に明確に説明することが、分野を問わず、研究を継続していく上で必要なことと見なされている。

科学技術の研究成果を一般社会に適切に伝える能力の重要性は日増しに高まっている。そして大学では、言語活動を重視した授業を通してその育成を図っているというわけである。

このように、大学で主体的に学ぶための能力は、言語活動を通して育成が目指される能力と、分かちがたく結びついている。そのような能力の重要性は、文・理や基礎・応用の別を問わず、各専門分野の教員が等しく認めるところであり、大学の教育プログラムの中でこれを育成するためのさまざまな模索が繰り返されている。四年制大学への進学率が五〇%を超え、個々の大学の役割は多様化しているが、今日の「知識基盤社会」に生きる人材育成のために、各大学でのこうした模索は欠かせないものとなっている。

注

(1) 講義のエッセンスは、野村港二編『研究者・学生のためのテクニカルライティング―事実と技術のつたえ方』(みみずく舎、二〇〇九年)にまとめられている。

(2) 大学における日本語表現の実践研究にもすでに多くの蓄積がある。たとえば、佐渡島沙織・吉野亜矢子『これから研究を書くひとのためのガイドブック』(ひつじ書房、二〇〇八年)、大島弥生・大場理恵子・岩田夏穂編『日本語表現能力を育む授業のアイデア―大学の授業をデザインする』(ひつじ書房、二〇〇九年)など。

また、早稲田大学では「全学規模で行う学術的文章作成指導」プログラムが推進されている。教員が院生を指導し、院生が学部生を指導する「学術的文章の作成」の授業は、制度の新しさに加えて、フル・オンデマンドの個別指導という授業形態にも注目すべきであろう。

第三節　大学入試「国語」の課題

1　大学生に求められる学力

大学の入学者選抜では、その大学で学ぶために入学者に共通に求められる資質や能力に加えて、学科などの募集単位がそれぞれの分野で学ぶために重要であると考える能力を測定する、というのが建前である。

では、全国の大学教員は大学生にどのような学力を求め、どのような学力が不足していると考えているのか。本書の巻頭に述べたように、平成一五（二〇〇三）年、大学入試センターが全国の大学教員約二万人を対象に実施した学生の学力低下に関する意識調査においては、「自主的、主体的に課題に取り組む意欲が低い」という項目が最上位に、「論理的に思考し、それを表現する力が弱い」という項目が第二位に、「日本語の基礎学力が低い」という項目が第三位に挙げられた。回答が七〇％を超えたのは上位二項目のみで、突出していると言ってもよい。基礎科目の理解度でも外国語力でもなく、また数量的データの分析能力でもなく、論理的な思考・表現力や日本語の基礎学力の不足を指摘する声が大きかったわけである。

九〇年代以降、大学生に対する読み書きの指導を実施する動きが急激に広まったのも、こうした問題への一つの対応であろう。教養教育の一環として文書作成能力の育成に取り組む大学の動きは活発化する一方である。

大学生の書く文章に論文やレポートがあり、それらを書くスキルは大学で身につけてほしいことの一つである。やはり九〇年代以降、論文やレポート作成のための参考書やマニュアル類の刊行が急増したのは、それらに頼らざるを得なくなった学生の実態を反映したものであろうし、意識調査の結果は多くの大学教員が抱く印象をよく捉えている。

前述の大規模調査の結果からも分かるように、現在、小学校から高校まで、日本の生徒は記述式の問題が苦手であり、「考えたことを書くこと」「伝えたい事柄が明確に伝わるように書くこと」「自分の立場を明確にして意見を書くこと」などに課題がある。無解答率の高さからは、そのような内容を「書く」行為に取り組む意欲にそもそも欠けている可能性も窺える。大学の教員が、大学生に対して抱いた「論理的に思考し、それを表現する力が弱い」「日本語の基礎学力が低い」という印象は、まさしくその同一線上にあるといってよい。このような課題への対応として、大学では入学直前期から専門教育期までのあらゆる段階で、学生の文章表現力を育成するための試みがなされている。

そして、小学校から高校までの新しい学習指導要領「国語」には、このような課題の解決を目指した内容が盛り込まれている。今後、その内容に沿った指導が適切に実施されるとすれば、あとは高校と大学との接続の部分で、高校までに養われた「国語」の学力が的確に確認されることが重要になってこよう。前節に述べたとおりである。

2　大学入試で測られる学力

大学のある教育組織（学生募集単位）が、たとえば「論理的に思考し、それを表現する力」や「日本語の基礎学力」を重要である――その組織で学び、研究を遂行していく上で欠かせないほど重要である――と考えるならば、その力はやはり入試で確認すべきである。

「受験生」が身につけたいと願う力は、端的に言えば、志望校の入試に合格できる力である。たとえば、大学入試センター試験のみを課す学生募集単位の受験生は、大学入試センター試験で合格ラインに到達できる力を身につけたい――できれば効率的に身につけたいと願うことになる。洗練された受験指導は、そのように設定された目標への最短ルートを示してしまう。結果、今日では、そのように選抜された合格者の、たとえば文章表現力は保証されない。また、「論理的に思考し、それを表現する力」も保証されないと考えるべきだろう。

多肢選択式であれ、論述式であれ、その場で解答させるペーパー試験は、比喩的に言えば、壁に映った円形の影を見て、その影をつくる球体（学力）の大きさを推測しようとするものである。しかし、球体ではなく円盤でも同じ形と大きさの影ができることを受験生は知っている。彼らの関心は、球体を大きく育てることよりも、効率よく円形の影を大きくすることに向けられがちである。高校までの学習指導は、もちろん球体を大きく育てることに力を注ぐべきであるし、その課程を修めた者を大学入学者として選抜しようとする場面では、その球体の大きさを的確に測る工夫が欠かせないことになる。

「論理的に思考し、それを表現する力」が大学で学ぶうえで重要だと考えるならば、それを測るための方法がさまざまに考えられねばならない。平成二四（二〇一二）年二月、国立教育政策研究所は高校生五、五〇〇人を対象に「論理的に思考」する力を測る初めての全国テストを実施した。

その問題は特定の教科の学習内容そのものではないが、「文章や図、グラフなどの資料から読み取れる規則や定義を理解し、適切に活用する」「前提条件から仮説を立てて検証する」など、「国語」や「数学」の学習内容と関連をもつものであった。「国語」に関連するものとしては、ある事柄を主張するために適切な根拠を挙げる、論点を捉えて的確に反論する、テキストが書かれた目的を理解して自分の必要に応じて利用するといった内容の設問があった。

このような学力を確認しようとする方法が、本格的に研究され始めているということである。

近年、大学は、アドミッションポリシーを明確にして、それに沿った選抜を行うことを社会的に要請されているが、「後付け」のアドミッションポリシーの文言はともすると抽象的で、どこの大学も似たような内容と表現に陥りがちである。

それに対して、各学生募集単位の実際の選抜過程や入試問題は、その学生募集単位が要求する学力を伝える強力なメッセージとして、本当の意味でのアドミッションポリシーを端的に、あるいは否応なく、伝えるものになっている。言語化されたアドミッションポリシーと実際の選抜方法との間に齟齬ないし乖離があれば、社会的にそのように評価を下されてしかるべきであろう。

次に示すのは、ある国立大学がある年度に実施した個別学力検査等（前期）「世界史」の問題である。

第二次世界大戦終了後から一九五〇年代前半にかけての東アジア諸国の情勢について、以下の語句を用いて説明しなさい。（四〇〇字以内で解答）

国連軍　サンフランシスコ講和条約　中華人民共和国

朝鮮戦争　日本国憲法

実際にはこのような論述式（四〇〇字）の問題が四問出題されており、「世界史」の問題はそれですべてである。このほか社会科の各科目でこれと同様の形式の出題がなされている。そしてこの出題形式は何年も継続している。「国語」の問題ではないが、この大学が学生にどのような日本語の運用能力を求めているのか、受験生にどのような学習を求めているのかは明らかであろう。

一方で、全問が多肢選択方式の大学入試センター試験「国語」が何を測らないかも明らかである。全体の構成も評論的な文章と文学的な文章とが一問ずつ、古文と漢文が一問ずつと、順番を含めて固定化しており、受験生は出題内容の傾向から配点に至るまで、徹底的な対策を立てて試験に臨む。曰く「漢文を捨ててもあと一五〇点ある」。今や、五〇万人以上が受験し、七五〇以上の大学が利用するこの試験は、こと「国語」の学力に関しては、非常に偏ったデータしか提供してくれない。

しかし、一部の進学校では、第三学年の途中から「主要」教科の授業が大学入試センター試験を見据えた「演習形式」になっていく。一時限の授業の前半でマークシートの問題を解き、後半で答え合わせと解説を行う。大学を目指す高校三年生にとっての「言葉を学ぶ」機会がそのような作業に置き換えられていく。あるいは世界の歴史を学ぶ機会が、生命の仕組みを学ぶ機会が、そのような作業に置き換えられていく。

そうした中では「伝えたい事柄が明確に伝わるように書くこと」や「自分の立場を明確にして意見を書くこと」「論理的に思考し、それを表現する」こと、あるいは「書く」行為に取り組む意欲を養うことなどは当座の目標から外れていくことになる。大学入試センター試験の矛盾や問題点は種々に指摘されているが、そのことを承知のうえで、なお対応を図らざるを得ない実情も高校の一部にはある。

3　高校「国語」が養う学力との関係

繰り返し述べてきたように、高校の「国語」の授業において、まとまった分量の文章を書く学習の機会がきわめて乏しいまま大学に進学する学生が少なからず存在している。彼らは「書くことよりセンター試験で点を取れるような学習をした」「文章表現の学習はまったくしなかった。基本的に大学入試の勉強をしていた」と述べて憚るところがない。「推薦入試を受けなかったので文章表現の学習はしていない」「進学校であったし、小論文が入試科目になかったのでほとんど書かなかった」といった記述からは、「国語」の授業における文章表現の扱われ方が容易に推測される。また、高校生にとっては入試科目に「小論文」がなければ文章表現を学ぶことに大きな意義を見出せないらしいという状況を窺うこともできる。

石原千秋氏は、その著書[1]『秘伝　大学受験の国語力』の中で、「国語」の入試問題が測ろうとしている「国語力」について「ふだん行われている国語教育とズレが生じているのではないか」と問題を提起しているが、それは長く「国語」教科書の著者をつとめてこられた氏の、「国語」教育の現場に対する控えめな言い方のように見える。

実際に問題なのは、教育課程が求める指導内容と大学受験に大きな制約を受けつつ対応に追われる「国語」の授業とのズレなのではないか。

大学入試問題について、「大学入学適格者の評価、選抜のツールであるとともに、学校を中心とした高校教育の暫定的到達目標であり、教材である」という一面が指摘されるが、その機能が最大限に発揮されるのは、高校教育が教育課程をよく実現し、大学入試がその成果をよく測る場合である。果たして「国語」の場合はどうであったろうか。

日本の大学入試制度は、時に高校教育の内容に制約を与えるほどの大きな影響を及ぼし、大学と高校との間に「下構」的関係を築いてきた。大学生に論理的思考・表現力などの学力が不足していることは、高校までの生徒にそのような「国語」の学力が不足していることと当然通じている。

繰り返して言うが、高校までの教育課程はその課題を克服すべく改定されている。また、これまで高校の「小論文」指導に模試などの教材を提供してきた教育系出版社の中には、従来の入試への対応を最終的な目標とする方針から舵を切り、すべての高校生が社会で生きるために必要な表現力の育成を支援するという新たな方針を打ち立てたところもある。

高校の授業が教育課程の理念をよく実現するものであるためには、大学入試においてその成果が正しく評価の対象になることが重要である。その意味で、大学入試「国語」は変わるべき時に来ている。

4 「高大接続」と「国語」

(1) 近年の入試改革

石川巧氏は、その著書(2)『「国語」入試の近現代史』の中で、現在の大学入試「国語」をめぐる状況を次のように概括する。「この三十年弱の入試問題、特に現代文をめぐる状況はなにひとつ変わることなく惰性化しているのではないだろうか」、「問題を作成する大学側にも、新しい試みをするよりは規格化された出題を毎年のように継続することが無難だという萎縮した考え方が蔓延しているのではないだろうか」。

氏が指摘する三〇年の間に、高等学校学習指導要領は三度にわたって改訂され(昭和五三〈一九七八〉年、平成元〈一九八九〉年、平成一一〈一九九九〉年告示)、平成二一(二〇〇九)年には、四度目の改訂を経て新しい学習指導要領が告示された。この間、大学入試における現代文の問題がずっと「安定」していたとすれば、そこに教育課程との「ズレ」が生じたり、現代的な学力の問題に対応できなくなったりすることも起きてこよう。

ただ、全体としてみれば、この十数年は大学が入試改革を推し進めようとした時期でもあった。

平成一一（一九九九）年の中央教育審議会答申「初等中等教育と高等教育との接続の改善について」は高校と大学の「接続」の問題を一気にクローズアップした。この答申は「一点差刻みの客観的公平のみに固執することは問題である」として評価の多元化、選抜方法の多様化を提言し、判定の視点の具体例として「論理的思考能力や表現力等」を挙げていた。

これを受けた平成一二（二〇〇〇）年の大学審議会答申「大学入試の改善について」では「個別試験においては、論文試験や口頭試問等により論理的な思考力や言語的な表現力等の判定に力点を置く」などの改善方策が示された。急増するAO入試について、求める学生像の明確化とそれに応じた選抜方法の工夫・開発の必要性が示されたのもこの答申においてであった。

さらに同年の国立大学協会第二常置委員会の提言「国立大学の入試改革——大学入試の大衆化を超えて——」は、センター試験の五教科七科目実施と、個別学力検査での多元的な評価の導入を、併せて掲げる内容であった。

(2) 新しい入試が測る「国語」の学力

近年の指定校推薦・AO入試の拡大は、一部に選抜機能の著しい低下などの問題を引き起こしてはいるが、従来の、偏重とも言うべき「読解」中心の入試「国語」から、高校までの教育課程が育成を目指す学力をそのまま評価する選抜の在り方へと移行する好機とも位置づけ得るのではないか。

高校三年間、まとまった分量の文章を書く指導を受けた経験がきわめて乏しいまま大学に進学する者が大量に生み出される一方で、新しい入試制度の下、ＡＯ入試に出願するために八〇〇字の「志望理由書」を数ヶ月かけて三〇回近く書き直したという学生も現れている。長期間にわたって自分と対峙し続け、大学を志望する理由を突き詰めて文章にしたという経験は貴重である。こうした出願のプロセスには「国語」教育の見地から見ても価値を認める余地が十分にあるだろう。少なくとも新しい入試が始まるまではなされることのなかった学習活動である。出願者の多くは長い時間自分と向き合って文章を練ったり、自分の考えを整理して仲間以外の大人に話すトレーニングを積んだりして選抜に臨む。

従来の基礎的な教科の学力をいかに担保するかという別の問題はあるが、こうした選抜方法が測ろうとする「国語」の学力もまた、高校までに養ってほしい学力であることに違いはない。また、「書くこと」に関連した論理的思考・表現力、「聞くこと・話すこと」に関連したプレゼンテーションやコミュニケーションの力など、「国語」の教育課程が育成を目指す力を偏りなく視野に収めたテストなどの選抜方法の開発は、大学入試を実施する側が取り組むべき新しい課題である。前述のように、すでにその模索は始まっている。

これからの大学入試で測られねばならない「国語」の力は、決して特別な訓練や準備を要するものではなく、「国語」の教育課程に明確に位置づけられ、日ごろの学習活動の中で育成されるべき力である。入試を実施する側に求められるのは、それを偏りなく測る方法である。その方法の模索は、何よりも教育課程の理念が教室で実現されるために不可欠なのである。

注

（1）石原千秋『秘伝 大学受験の国語力』（新潮社、二〇〇七年）

（2）石川巧『「国語」入試の近現代史』（講談社、二〇〇八年）

参考文献

石井秀宗ほか「大学生の学習意欲と学力低下に関する大学教員の意識についての調査研究」(『大学入試センター研究紀要』第三四号、二〇〇五年)
石川巧『「いい文章」ってなんだ?――入試作文・小論文の歴史』(筑摩書房、二〇一〇年)
石川巧『「国語」入試の近現代史』(講談社、二〇〇八年)
石川巧「〈小論文〉に求められているもの」(『日本語学』第二七巻第一三号、二〇〇八年)
石原千秋『秘伝 大学受験の国語力』(新潮社、二〇〇七年)
石原千秋『大学受験のための小説講義』(筑摩書房、二〇〇二年)
石原千秋『教養としての大学受験国語』(筑摩書房、二〇〇〇年)
井下千以子『大学における書く力考える力――認知心理学の知見をもとに』(東信堂、二〇〇八年)
大島弥生・大場理恵子・岩田夏穂編『日本語表現能力を育む授業のアイデア――大学の授業をデザインする』(ひつじ書房、二〇〇九年)
門倉正美ほか『アカデミック・ジャパニーズの挑戦』(ひつじ書房、二〇〇六年)
倉元直樹「教育政策と学力測定の技術」(日本児童研究所編『児童心理学の進歩 二〇一一年版』金子書房、二〇一一年)

倉元直樹「日米の学力調査を考える——読む力、書く力をはかる技術」(『児童心理』第八六三号、二〇〇七年)
倉元直樹・森田康夫「高校と大学をつなぐ入試問題設計のための開発研究」(『大学入試研究ジャーナル』第一四号、二〇〇四年)
佐渡島沙織・吉野亜矢子『これから研究を書くひとのためのガイドブック』(ひつじ書房、二〇〇八年)
鈴木規夫ほか「『入学者受入方針等に関する調査』結果の概要」(『大学入試研究ジャーナル』第一五号、二〇〇五年)
筒井洋一『言語表現ことはじめ』(ひつじ書房、二〇〇五年)
中井浩一『脱マニュアル小論文——作文と論文をつなぐ指導法』(大修館書店、二〇〇六年)
野村港二編『研究者・学生のためのテクニカルライティング——事実と技術のつたえ方』(みみずく舎、二〇〇九年)
渡辺哲司『「書くのが苦手」をみきわめる　大学新入生の文章表現力向上をめざして』(学術出版会、二〇一〇年)
渡辺哲司・島田康行「大学初年次生が文章表現に対してもつ苦手意識の分析」(『大学教育学会誌』第三二巻第一号、二〇一〇年)
渡辺哲司「文章表現・口頭表現を苦手とする大学初年次生のプロファイル」(『大学教育学会誌』第三〇巻第一号、二〇〇八年)

あとがき

平成一一（一九九九）年、東北、筑波、九州大学に、国立大学として初めてのアドミッションセンターが設立され、私はその専任教員の一人となった。ＡＯ入試や「高大接続」という、耳慣れない言葉が飛び交う中で、自分にどのような貢献ができるのだろうかと、ゆっくり考える時間もないままに、センターの業務は増え続け、気がつけばすでに一三年の月日が経っている。

本書で取り上げたのは、「高大接続」の過程の中で受験生はどのように「書くこと」を学ぶのか、という最近の関心事であるが、もしアドミッションセンター専任教員という立場になかったら、こうしたことに関心を寄せることはおそらくなかっただろう。

年間二〇〇〇人を超える高校生・受験生と個別に話をする日々がすでに一〇年以上続いている。高校に入学するや、「学問を知り」、「学部を研究し」、大学を選んで入試制度を調べる作業に巻き込まれていく彼らの日常は忙しい。マークシートも塗らなければならないし、過去問も解かなければならない。文章を「書くこと」が自分の生涯にどのように関わりをもつのか、思いを巡らす余裕はあまりないようだ。「進学校だったので書くことの学習はほとんどしなかった」と言って憚らない学生が現れても不思議はないのだ。そうした彼らの日常に、私は間違いなく加担してきた。その、後ろめたさが、「高大接続」の在り方を少しでも変えられたらという気持ちにつながっている。

高校「国語」の授業ではほとんど文章を書かず、年に数回の「小論文模試」を一斉に受け、希望する進路に関連したテーマについて論述する練習をこなし、「小論文」という名称で実施されるさまざまな入試を経て、大学に入学すると、今度は論文・レポートの書き方の指導が待っている。「小論文」のことは忘れなさいと言われる。そうした一連の体験は、彼らの「書く」力をどのように育てているのか。「書ける」学生、「書ける」社会の人を育てるために、高校と大学の双方が取り組むべきことはたくさんあるのではないか。そんな声を上げ続けることが、「高大接続」の場に身を置くものの務めであるとも思う。生半な内容のままに本書を上梓することには目をつぶるほかない。

手さぐりでスタートしたセンターの勤務には戸惑うことも多かったが、初代センター長・鳴島甫先生の「世界に伍する大学を目指して」という揺るぎない信念がいつも進むべき道を示してくださった。当時、センターの専任教員は、白川友紀（工学）、渡辺公夫（数学）両先生と私の三人、後に山根一秀先生（医学）が加わって、分野を越えたさまざまな話ができた。その点はスタッフが入れ替わった今も変わらない。異分野の研究者との日々の雑談からは多くを学ばせていただいた。

また、他の国立大学アドミッションセンターの教員との交流からも多くを得た。九州大学の渡辺哲司氏の「書くこと」に関するユニークな視点はいつも私を驚かせ、私たちの共同作業の推進力となった。この小さな提言をまとめる一つのきっかけは氏との交流の中から生まれたといってもよい。

「小論文模試」などの開発や制作を手掛ける出版社の方々とも、今の立場になければ知り合うことはなかったかもしれない。私が大学入試「小論文」対策の現状に好意的な気持ちをもっていないことを承知で、快くインタビューに応じてくださった出版社の方々には心からお礼を申し上げたい。高大の双方にとって望ましい接続のあり方をともに考える同志として、もうしばらく議論におつきあいいただければ幸いである。

本書の刊行にあたっては大修館書店の林雅樹氏にあたたかいご配慮をいただいた。細部にわたるご助言をいただき、ようやくここまでこぎつけることができた。記して深く感謝申し上げる次第である。

二〇一二年五月

島田康行

初出一覧

本書は、近年、国語教育学や大学入試・高大接続関係の刊行物に発表してきたいくつかの拙文をもとにしている。各章の初出は概ね次のとおりであるが、本書に収めるにあたって大幅に加筆修正等を施した。

第一章　「書くこと」に苦慮する大学生

第一節　大学初年次生を対象とした読み書きの指導（日本国語教育学会『月刊国語教育研究』第四三七号、二〇〇八年九月）

第二節　大学初年次生の「語句の知識」と「語句を適切に使う力」（桑原隆編『新しい時代のリテラシー教育』東洋館出版社、二〇〇八年三月）

第二章　大学入試における「書くこと」の実態と課題

第一節　文章表現を課す大学入試と高校生の学習経験（全国大学入学者選抜研究連絡協議会『大学入試研究ジャーナル』第二一号、二〇一一年三月）

第二節　大学入試「小論文」の一〇年──出題傾向の変遷に関する考察──（全国大学入学者選抜研究連絡協議会『大学入試研究ジャーナル』第二二号、二〇一二年三月）

第三節　書き下ろし

第三章　ＡＯ入試「志望理由書」はどう書かれ、どう読まれるか

第一節　ＡＯ入試「志望理由書」の研究（全国大学入学者選抜研究連絡協議会『大学入試研究ジャーナル』第一八号、二〇〇八年三月）

第二節「志望理由書」を課すことの意義——学習材としての可能性——（全国大学入学者選抜研究連絡協議会『大学入試研究ジャーナル』第二〇号、二〇一〇年三月）

第四章　これからの「書くこと」の指導と大学入試

第一・三節「国語」の試験が測るもの——教育課程との関係から——（『日本語学』第二七巻第一三号、明治書院、二〇〇八年一一月）

第二節　大学の教育プログラムに見る「言語活動」（日本国語教育学会『月刊国語教育研究』第四七一号、二〇一一年七月）

[著者略歴]
島田康行（しまだ　やすゆき）
1963年，横浜市に生まれる。
筑波大学大学院修士課程教育研究科修了。私立中学・高校教諭，茨城工業高等専門学校教諭，文部省教科書調査官等を経て，現在，筑波大学人文社会系教授。アドミッションセンター長。日本国語教育学会理事。

主な著書
『日本語使い方考え方辞典』（共著，岩波書店，2003年），『小学校学習指導要領の解説と展開 国語編』（共著，教育出版，2008年）『平成20年改訂小学校教育課程講座国語』（共著，ぎょうせい，2008年）など。

「書《か》ける」大学生《だいがくせい》に育《そだ》てる――ＡＯ入《エーオーにゅう》試《し》現場《げんば》からの提言《ていげん》

NDC375/xiv, 191p/19cm

初版第１刷――2012年７月20日

著者――島田康行《しまだやすゆき》
発行者――鈴木一行
発行所――株式会社大修館書店
〒113-8541　東京都文京区湯島2-1-1
電話03-3868-2651（販売部）03-3868-2291（編集部）
振替00190-7-40504
[出版情報] http://www.taishukan.co.jp

装丁者――井之上聖子
印刷所――壮光舎印刷
製本所――難波製本

ISBN978-4-469-22223-4　Printed in Japan